相談援助職の「伝わる記録」

現場で使える実践事例74

八木亜紀子

中央法規

はじめに

　相談業務に携わる人々にとって、記録が最大の頭痛の種であることはもはや、共通の認識となっているように思われる。情報開示請求がかなり一般的になり、自分の書いた記録が患者や利用者、その家族の知るところとなるという危機意識が日常になりつつあるのももちろんだと思われるが、昨今の凄惨な事件のカギとなる部分に記録が位置付けられることが頻繁だからだ。

　例えば千葉県野田市や東京都目黒区で起きた児童虐待事件は、いずれも行政が一度は関わっている事案だった。にもかかわらず適切な対応がなされなかった背景には、リスクを含む情報共有が十分でなかったことが大きく影響していたとされる。こうした事件を受けて、ただでさえ多忙な現場関係者の間には一層、適正な記録作成のプレッシャーがのしかかっているであろう。

＊

　記録の研修を始めた 13 年前は、日本ではあまり相談援助職は直接の責任を問われることが無い、裁判での開示にも堪えうる記録の書き方について、根拠をいかに文字に残すかをアメリカでの経験をもとにお話していた。「目から鱗が落ちる思い」と参加者の方から感想をいただいたが、まだまだ対岸の火事の感は否めなかったように思う。前著「相談援助職の記録の書き方」を上梓した 7 年前は、他職種にいかに相談援助職の業務や判断について理解してもらうかが焦点になっていた。研修の参加者の方のほとんどの意識が、記録は自分だけが読むものではない、と大きく変わってきたと感じるところではあった。さらに最近では、開示請求で利用者本人や家族にも実際に記録が共有される体験をした方も増加し、当

事者に支援を理解してもらうために役立つ記録について、いよいよ意識が高まっていると感じる。そこへ、最近の様々な事件を受け、ついに記録は不特定多数への説明に必須のツールとして、これまでにない危機感をもって受け止められているように思う。本著が、その危機感を自信に変える一助となれば幸いである。

＊

なお前著では記録だけでなく、アセスメントを中心に、記録のもととなる相談援助の基本についても紙幅を割いたが、本著ではより現場で活用していただきやすいよう、事例をふんだんに取り入れた。できるだけ見開きあるいは1ページで完結するようにし、気になる点や修正のポイントが見やすいようにレイアウトしてある。その際、相談援助や記録のキモは支援の場面やジャンルを問わず共通する、という考えにのっとり、事例は横並びとし、キーワードで逆引きできるようにもした。できれば、ご自分の業務に直接関係ない事例にも目を通していただければと思う。

また、本書のねらいは、絶対的なまちがいを指摘するのではなく、第三者的にどう書かれていればわかりやすいかを考えていただくところにある。「現場の事情にそぐわない」と決めつけずに、まずは客観的に読んでいただきたい。

＊

本著では、本文中は支援対象者を「利用者」で統一させていただいているが、事例中は素材の表現をそのまま使っている場合もあることを申し添える。事例については、関連事業所よりご提供いただいたものを、個人が特定できないよう改変して使用した。ご協力いただいた皆様には、この場を借りて厚く御礼申し上げる。

八木亜紀子

CONTENTS

はじめに 3

1章 相談援助職として書く記録 9

第1節 記録の目的 10

1 なぜ相談援助職に記録が必要か

2 自分のための備忘録ではなく第三者に読まれるための「記録」

第2節 記録の内容 12

1 専門職としての責任と記録

2 上手い文章は上手い記録ではない

3 開示請求に堪える記録

4 記録に書きたい内容 ❶

5 記録に書きたい内容 ❷

6 記録に書きたい内容 ❸

7 記録に書きたい内容 ❹

8 記録に書きたい内容 ❺

9 記録に書きたい内容 ❻

10 記録に書いてはいけない、書かなくて良い内容

第3節 記録の体裁（「見た目」や「書きぶり」） 19

1 修正・改ざんしていないと第三者が見てわかるようにする

2 二重帳簿を作らない、メモ書きを残さない

第4節 進捗記録のフォーマット 21

1 「情報」「判断」「対応」で示す支援の実績と根拠

2 SOAP ノート

2章 専門職として適切な表現集 ……… 29
MSE（Mental Status Exam メンタル・ステータス・エグザム）をふまえて

MSEを用いて言語化する場合の留意点 ……… 30

1. 全般的な見かけや身だしなみ
2. 体の動きや運動機能
3. 発言の量と質
4. 思考過程
5. 思考の内容
6. 知覚障害
7. 面接時の態度
8. 感覚／意識と見当識
9. クライアントの報告による気分
10. 面接者の観察による感情・情緒の内容と振幅
11. 知能
12. 洞察力
13. 判断力

3章 記録の実際 74 ……… 41
事例と解説

1. 自宅での転倒
2. 高齢者虐待の疑い
3. 受診同行
4. 連携先での出来事
5. サービスの利用状況について
6. 関係者に関する苦情
7. 介護で追い詰められた家族
8. 介護者の負担
9. 家族との面接
10. 高齢者の初回面接
11. 認知症患者のアセスメント

12	障害児の療育	46	リハビリの紹介
13	介護者による暴力の疑い	47	介護者による虐待の疑い
14	家族との電話	48	危機介入
15	サービス担当者会議のまとめ	49	関係者からの報告
16	認知症患者の初回訪問	50	高齢者女性の晩酌
17	施設内の他の利用者との関係	51	家族からの新規依頼
18	不安な家族との面接	52	家族からの電話
19	経済的な不安	53	担当者引継ぎの訪問
20	施設での生活状況	54	サービス変更の依頼
21	居宅サービス計画書	55	家族が同席しての訪問
22	家族からの電話へのフォロー	56	セルフネグレクトの疑い
23	関係者への不満	57	怠薬の可能性
24	問題を抱える家族、関係者との会議	58	介護者の不安
25	インシデント後の関係者との電話連絡	59	介護者の体調
26	介護疲れの家族	60	施設での本人の日常生活
27	介護に苦労する家族との面接	61	住宅改修完了検査の記録
28	施設での関係者への報告	62	関係者からの電話連絡
29	家族の個人情報	63	施設での介助
30	家族からの要望	64	家族からの電話と情報共有
31	本人との電話、訪問	65	施設内の様子の変化
32	本人の体調不良と医師との連携	66	家族同席の面接
33	支援終了の相談	67	家族に対する本人の不安
34	家族の体調変化	68	関係者の体調不良
35	見学同行	69	施設での他の利用者とのやり取り
36	担当者交替の話し合い	70	本人の体調不良と家族の不安
37	子育ての苦労	71	施設からの外出
38	インフォーマル資源が同席しての訪問	72	関係者との連携
39	本人の体調変化と家族の負担	73	第三者に関する記載
40	長い生活歴	74	本人の抵抗による支援の中断
41	関係者からの家族に関する情報		
42	介護者によるネグレクトの疑い		

参考文献 ……………………………………… 186

3章 Key Point 索引 ……………………… 187

おわりに

著者プロフィール

43	介護が困難と思われる家族との面接
44	協力的でない家族に関する面接
45	家族自身についての相談

1章

相談援助職として書く記録

| 第1節 | **記録の目的** |

1 なぜ相談援助職に記録が必要か

　相談援助職にとって、記録は欠かすことができないものである、ということは、誰しもよくわかっていることであろう。その一方で、記録は苦痛だし、できれば書きたくない、と日々感じる人は少なくない。

　なぜ相談援助職が記録を書かなければならないか、それは相談援助という目に見えない業務の実績を残し、第三者に説明する唯一の方法が記録だからである。記録を書くのが面倒なのは、記録が支援とは直接関係ない、自分のメリットになる実感がない、あるいは何を書けばいいかわからない、といった思いがあるからだろう。しかし、一度でも開示請求や監査、裁判の証拠提出を経験すれば、記録の重要性は痛いほどわかるはずである。それは、記録にない支援はなかったことになってしまうからだ。目に見えない、形のないサービスを提供するわれわれ援助職にとって、記録は非常に重要な業務の一部である。

　また相談援助業務というのは、やりっぱなしでは冷静に振り返ることが難しい。支援している真っただ中で、少し引いて全体を見渡すのは至難の業だが、記録は、頭を冷やし、視点を切り替えて支援を点検するのに極めて有効な手段である。では専門職として何を書けば良いだろうか。

　バラエティ番組「総合診療医ドクターG」は、三人の研修医がある症例の再現ドラマをもとに、ああでもない、こうでもないと診断名を探っていく番組である。この中では、研修医たちがドラマの中で描かれるさまざまな症状を切り出し、それらの原因になりうる病名を挙げていく。再現ドラマはいくつかの段階に分かれて流れ、それに合わせて症状も複雑化し、可能性のある病名も増えていく。その過程を、症例を実際に担当したベテラン医師が「その病名で本当にすべての症状の説明がつきますか？」と突っ込みつつリードし、最終的には診断が確定して治療にいたる、という内容である。研修医が「これ」と思う病名が同じとは限らず、一人ひとりがなぜそう思ったか説明させられる。ドラマの途中であれば、該当する可能性のある疾患は複数あることがほとんどで、その可能性を排除するため、さらに別の検査が行われたりする。

　われわれ相談援助職は診断こそしないものの、同じようなプロセスで日ごろの支援を行っている。つまり、目の前に起きている状況に対して何らかの対応や介入（医療でいう治療）を行うが、それにはその根拠となる判断（医療でいう診断）があり、その根

拠となった情報（医療でいう症状）がある。だからこそ、「これ」と思った判断ですべての情報の説明がつくか、自分の取った対応や介入が判断に合っているか説明がつくか、専門家として取ったアクションの裏付けを記録に残すことが必要なのである。

2 自分のための備忘録ではなく第三者に読まれるための「記録」

　記録についてお話しする際、必ず参加者に聞いているのが、「あとで誰が読むと思って記録を書いていますか？」という問いである。そこでは「自分自身」「利用者／対象者／クライアント、その家族、彼らが雇うであろう弁護士」「自分が非番の時に代わりに対応してくれる同僚、上司、組織」「裁判官、裁判員」の4択で、当てはまるところ全てで挙手していただいている。

　10数年前はたいていの方が「自分自身」で手を挙げ、「利用者」のところでパラパラ、という状況だったのが、ここ数年ではほとんどの方の手が「同僚、上司、組織」で挙がるようになり、記録に対する意識が大きく変わってきていることを実感している。ここではそれをさらに推し進めて、「利用者、家族、弁護士」や「裁判官、裁判員」も読むかもしれない、という気持ちで記録を書こう、意識していただきたいと思う。われわれの書く記録を裁判の証拠として出す可能性がどの程度あるか、と言えばそれは極めて低いが、開示請求はいつ来てもおかしくない。ということは、記録がいつだれの目に触れるとも限らないのが現実なのである。

　ところでこのようにいろいろな立場の人を箇条書きに羅列すると、記録を書く側にとって読み手として脅威に感じるのは、裁判官や弁護士であろう。しかし、裁判官や弁護士は膨大な資料を読むのに長けていて、こちらが資料をどっと出せば、すべて読んでくれる。あら捜しもするであろうが、とにかく読んでくれる人たちである。一方、利用者や家族、裁判員はごく普通の人たちで、われわれの業務に何の興味もなければ、記録から「この人はこういうことが言いたいんだろうな」とくみ取る義理もなければ、理解力自体もないかもしれない。そういう人たちが仮に「この記録はわかりにくい」「誤字脱字だらけであてにならない」と記録を読むことを止めてしまったとしたら、その記録は存在しないも同然で、そこに書かれていた支援もなかったことになってしまいかねない。読んでもらえない記録ではそもそも目的が果たせず、それを残す意味がないのである。

| 第2節 | **記録の内容** |

1　専門職としての責任と記録

　ネットを見ていると、文章をマメに書き、しかもそれを不特定多数の他人に見られることをいとわない人の数はかなりのものだが、こと記録を書くとなるとそういうわけにはいかないようだ。もちろん、自分の書きたいことを書くブログやSNSと、業務上必要な記録では、モチベーションが全く違うだろうが、タイムリーに文章にして、人に読まれることが苦でない人が、なぜ記録は書けないのだろうか。

　ここで考えたいのが、文字に残す際に読み手から課される、内容に対する期待と責任である。ネット上の書き込みの場合、人気ブログなどは別として、読み手の期待は決して高くない。責任についても、ブログは基本的に個人的見解を書いているので、そこに発生する責任は微小であろう。たまに有名人がネット上で炎上して、謝罪したりブログを閉鎖したりすることがあるが、仕事が減りはしても仕事そのものを辞めさせられることはそうない。一方援助職の書く記録は、読み手の期待そのものが非常にわかりづらい割に、専門家としての責任は発生する。これが記録が進まない要因であろう。

　援助職に課されている期待を考える上で、われわれが近くで仕事をすることの多い医療職、たとえば医師や看護師を振り返ってみよう。医師であれば、診断名とともにその根拠となる患者の症状や訴え、検査で特定しなければならない要因やその数値、診断名に対する治療方針や投薬を記載する。看護師であれば、医師からどういったオーダーが出たか、それをどのように実施したかを具体的に記録する。専門職の職域が明確なので、その職域内でどういった専門的なかかわりが要求されているか、またそれが実行されたかが記録に求められるし、読み手の期待も想定しやすい。

　一方、相談援助職はどうだろうか。ここでは、ケアマネジャー、ソーシャルワーカー、カウンセラーといった職種を考えてみよう。この3つの業種を見ても、その境界線はかなり曖昧で、業務内容が共通するところも多いし、個人的に複数の肩書きで仕事をされている方も多数いらっしゃるだろう。となると、何をもって専門的なかかわりとするか、何をやればその肩書きに見合った業務を遂行したといえるかが非常にわかりづらい。本人達が日々現場で「今自分がやっていることは自分の専門性に見合っている」と確信できるかは定かではなく、当然第三者からはさらにわかりにくいのだ。ドラマ「ドクターX」では、米倉涼子さん演ずるフリーランスの医師は「医師免許のい

らない仕事は致しません。」が決まり文句だったが、これは業務範囲が明確な医師だから成立する（一般人にも言いたいことが想像できる）発言である。ケアマネ、ワーカー、カウンセラーが「本来業務しかやりません」と言ったところで、それではまずドラマにはならない。言った本人がそもそもどういうことをやるのか、あるいはどういうことは本来業務に含まれていないのか、視聴者にはなかなか想像できないからだ。社会的には、われわれ援助職の業務範囲や専門性に対する理解は薄く、そこに課されている期待はかなり曖昧だといえるだろう。

2 上手い文章は上手い記録ではない

　記録の研修をやっていると、たまに「文章を書くのが苦手なので、記録も苦手です」という声を耳にする。しかし、専門職としての記録、という観点からすると、むしろ文章が苦手な人がとつとつと書いた記録のほうが、文章が得意な人の記録よりわかりやすくて良い記録であることがある。

　書くことが得意な人の記録は、表現も豊かで抱腹絶倒、読み物としては非常に面白い。しかし、読み手が受ける印象は本人の理解力や経験、好みに影響されてばらつきがあって、客観的な文章とは言えないことが多い。さらに言うと、書くことが得意な人は気分が乗った勢いで、つい余計なことを書いてしまうことも良く見られる。

　専門職が第三者と情報共有するためのツール、という記録の目的からすれば、記録は極力誤解の余地が少ないことが望まれる。そう考えると、目指すべきところは、読み手が引き込まれるような小説、ではなく、漢字さえ読めれば小学生でも90歳過ぎのおじいちゃんおばあちゃんでも同じように洗濯できる洗濯機のマニュアルのような、面白味はなくても淡々と書かれた文章、と言える。

3 開示請求に堪える記録

　開示請求に堪えるような記録を作成するために心がけることとして、記録を書く際に常に本人やその家族、彼らが雇うであろう弁護士が読む、という気持ちで書く、ということがあげられる。記録を書いている時に肩越しに本人がのぞき込んでいるつもりで書くように、と私自身、サンフランシスコ時代の上司からよく言われたものだ。

　また、開示請求対策として一番良いのは、書いている記録をすべてその都度、本人に読んでもらうということも言われる。すべて記録を読んでいれば、そもそも開示請求する必要がなくなる、という考え方である。実際の業務上、そのようなことは難しいかもしれないが、記録を残す際の心構えとして、ぜひ意識したいところである。

それではもう少し具体的に、記録に書きたい内容について見ていこう。

4　記録に書きたい内容 ❶

支援計画に沿った進捗の記録

　専門職としての責任を果たす記録に求められる要素として、「逐語録」に代わって定着しつつあるのが「進捗記録」である。

　面接でのやり取りを時系列でひたすら記録する逐語録は、専門職を育成するために面談を振り返るツールとしてはそれなりの意義がある。しかしその記録作業に時間がかかるうえ分量は膨大で、読むにも時間がかかり、挙げ句に面接のポイントが伝わらず「で、結局どうなったんですか？」となりがちなのが難点で、第三者に支援内容を伝える資料としては非効率的である。そこでそれに代わる書き方として浸透してきたのが「進捗記録」である。具体的なフォーマットについては後に触れるが、ここで重要なのが「進捗」という言葉である。「進捗」というとつい、利用者の生活の全般的な改善とか、病態の変化とか、大きい枠組みを想像しがちかもしれない。しかし、日ごろの支援を記録する際に注目すべき「進捗」は「支援計画の進捗」である。

　われわれ相談援助職が利用者にかかわる時には、インテークをして問題を聞き取り、アセスメントをして支援目標を立て、それに対して支援計画を策定する。この支援計画はわれわれが専門職として「あなたにこういう支援を提供します」と交わしている契約なので、その進捗を記録することが求められる。どの程度問題解決が進んでいるのか、進んでいなければ軌道修正が必要なのか、日々の利用者とのかかわりの中でモニタリングして記録していただきたい。裏返すと、支援計画でやると言っていないことは、日ごろの支援記録には必要ないと言える。仮に虐待や依存など、計画を立てた当初はわからなかった事実が後で発覚したとしたら、その時点で支援計画そのものを見直して新たな課題を上乗せし、それに沿って支援記録を書く。いずれにしても日々の支援記録は常に支援計画に立ち返ることが重要である。支援計画に入れていないことを書くのをやめるだけで、記録の業務負担がかなり軽減する方が多くいらっしゃるのではないだろうか。

5　記録に書きたい内容 ❷

リスクマネジメントの実績

　日ごろの進捗記録は支援計画の進み具合について記録するわけだが、アセスメントがしっかりできていれば、その支援計画には独居、障害、外国人、引きこもり、といっ

た、リスク要因が反映されているはずである。リスク要因が多い利用者の支援計画はリスク要因が少ない利用者のものと比べて手厚くなっているだろう。それは、リスクが多い分、マメに連絡者と連携するなどしなければ、うまくいかないことがわかっているからである。ということは、支援計画を粛々と実行すれば、おのずとリスクは回避できる。そしてそれを実際にやった、ということを定期的に記録に残せば、その記録自体がリスクマネジメントとして機能する、ということである。

　例えば自殺や虐待の事例など、多くの相談援助職は意識せずに、すでにこれに近いことをやっていると思われる。ここで伝えたいのは、なんとなくリスクについて触れるのではなく、「意識して敢えて触れる」重要性である。アセスメントでリスクに気付いたのであれば、それを回避する計画を立て、実際に日ごろの支援で定期的にそれが行われていることを記録に残すようにしよう。そうするだけで、記録の質は格段に向上する。

6 記録に書きたい内容 ❸

支援の根拠

　記録は提供した支援をのちのち説明するものなので、なぜその支援をしようと思ったか、その根拠が書かれていなければならない。

　例えば医療場面で説明すると、血液検査の数値は、それだけでは素人にはいいのか悪いのかさっぱりわからない。その数値を医者が読み込んで初めて、診断名がついて、それに対する治療が決まる。コレステロールの数値と処方薬は、実は自動的にはつながらず、その間には診断というプロセスが存在する。この、客観的な数値というデータと、診断という判断、これらの根拠があって初めて、治療という支援方針が決まるのだ。

　これを対人援助に当てはめると、「貧困」「体調不良」「母子家庭」といった情報は状況にすぎず、支援に自動的につながるものではない。貧しくても、体の調子が悪くても、母子家庭でも、自力で生活できている人はごまんといるわけで、こういう状況に置かれていることがそのまま支援を必要とする裏付けにはならないのである。子どもがもう一人生まれていよいよ自力ではどうにもできなくなった、とか、これまでサービスの存在を知らなくて困っていたとか、なんらかの事情があって支援が必要だという判断にいたる。この専門職としての判断があって初めて、支援が行き当たりばったりではなく根拠に基づいた介入になるのである。

7　記録に書きたい内容 ❹

標準化された記録～危機介入だからといって書きすぎない

　記録が支援の一部である、ということは、その内容や分量は標準化されているべきで、それを大きく外れるときには、それに見合った理由がなければならない。

　例えば、普段の1回の支援で書く記録の量は半ページ程度、など、それぞれ大体の目安を決めているだろう。それは専門職として、そのぐらいの量を書けば支援のポイントが網羅できる、という経験に基づいた判断である。ところが同じ1回の支援でも危機介入をした場合、どうだろうか。危機介入と言えば、いろいろと業務が増えて残業になりがちだが、たまには介入もすんなり進んで、関係者への連絡もあっという間に終わり、勤務時間内に対応が終わることもあるだろう。そんな時に危機介入だから、あれも、これも、と、いつもなら半ページで済むところを、3ページも4ページも書いてしまう、ということはよくあるのではないだろうか。支援者の立場からすれば、「危機介入の記録なんだから、たくさん書いて当たり前」という暗黙のルールがあるが、これはあくまで支援者側の都合である。われわれの業務に関係ない人からすれば、「3ページも4ページも書いている日もあるのに、同じ1回の支援で普段は半ページしか書いていないって、どうやってはしょってるんですか？」という、素朴な疑問につながることもあるかもしれない。「そこを聞かれましても…」では、専門職の説明としては不十分である。もちろん、危機介入の時にも普段より一行も多く書いてはいけない、ということを言っているわけではない。しかし、多く書くにはそれなりに理由が必要だということである。

　さらに言うと、危機介入の時には支援者側も興奮しているので、つい記録に思いをぶつけたり、余計なことを書いたりしがちで、あとから読み返して「なんでこれを書いたんだっけ」と思うことも少なくないだろう。危機介入の時はなおのこと、ほんの一瞬立ち止まって、第三者に共有しなければならないことは何なのか、十分精査して記録することが重要である。一瞬立ち止まれば頭が整理され、記録の分量もうんと減って、業務負担も減少するはずである。

8　記録に書きたい内容 ❺

家族や第三者に関する記載は本人の支援に必要なものに限定する

　記録を書く際、本人以外の個人情報の扱いは十分に注意が必要だ。開示請求があった場合、利用者本人のことであればまだしも、家族の詳細が書かれていたとしてそれを本人や家族が知ることとなった場合、なぜ記録に書かれているのか、説明が求めら

れる可能性は極めて高い。また、支援に直接関係のない情報を書いていては、キリがなくなってしまう。

例えば義父の面倒を見ている女性が相談に来て、「ちょっと聞いてくださいよ。うちの息子ね、去年大学入試で失敗したじゃないですか、それで今、予備校に行かせてるんですけど、予備校の授業料ってどれぐらいするか知ってますか？めちゃくちゃ高いんですよ。息子は奨学金もらえるほど頭良くないんで、それでうちで出してるんですけど、もうそれが大変で、これはパートに出るしかないかなって。そうなるとお祖父ちゃんの世話ができないでしょ、だから旦那に相談したんですよ。そしたら旦那がいい歳して、『いや実は俺、最近ちょっとスロットにハマっちゃって、小遣いアップしてって言おうと思ってた』って。はあっ？て感じですよ。私もう、限界です。」と訴えたとする。これを義父自身の記録に書いたとしたらどうだろう。

「利用者の面倒を見ている、息子の嫁からの相談。孫は昨年大学受験に失敗し、現在浪人中で予備校に通っているが、成績が思わしくないので授業料は全額親が支払っている。その負担が大きく、パートに出ようかと悩んで夫である息子に相談したところ、スロットにハマって小遣いアップを迫られ、もう限界だ、とのことだった。」と書いたら、これは相談した人も「こんなことまで記録に残されて」と憤慨するに違いない。

しかしほんの少し視点を変えて、「介護にあたっている家族からの相談で、家庭内で経済状況がひっ迫して、介護に専念できないとの訴えがあった。」と書かれていれば、じゃあ会議をしましょう、レスパイトを検討しましょうと、利用者本人の支援を良くするのに必要な情報に変わるのである。つまり、同じ状況であっても、本人の支援に結び付けるにはどの情報をピックアップすればよいか、吟味する必要がある。

9 記録に書きたい内容 ❻

具体的で明解な用語選択

誰しも経験はあると思うが、他人が書いたものはそもそも読みづらい。そこに、難解な専門用語や謎の略語、意味不明のアルファベットやカタカナの羅列が出てくると、読み手は途端にめんどくさくなり、読むモチベーションが下がってしまう。読んでもらえない記録は無いも同然なので、「めんどくさい」と思われることは書き手としては極力避けたい。また、パッと読んで理解されないことは結局、開示請求があった際にはこちらが説明する手間を増やしてしまう。業界全般で使われている専門用語ならまだしも、法人内だけで使っているグループ名や、地域だけで通じる用語などを使っていると、説明することがどんどん増えてしまいかねない。

忙しい中、記録を書いていると、早く書ける略語が便利なのは事実である。そこで、

その場で早く書けるという便利さと、後から説明しなければならない手間をてんびんにかけて、どちらが現実的か選択することが求められる。

10 記録に書いてはいけない、書かなくて良い内容

　記録に書いてはいけない内容としてまず、個人的なメモや備忘録がある。すでに述べたように、専門職の記録はあくまで第三者に自分の支援を説明するためのツールで、誰が読むかわからないものである。忘れたらどうしよう、という不安や衝動からメモを取って記録する、ということはぜひ避けられた方が良い。また、対外的な記録とは別に、個人的にメモを取って、二重に記録を管理することも避けられた方が良いだろう。

　損害賠償請求は 10 年さかのぼることができるということは、われわれの支援について向こう 10 年説明が求められる可能性があるということである。文書を何年保存するか、という点は置いておいたとしても、われわれが日ごろ何気なく書いている記録は、実はかなり長い間、その説明を求められる可能性がある。開示請求を考えた場合、現在の日本では開示対象になる文書とそうでない文書は分かれているが、この線引きは何か事件が起きて変わることもあり得るわけで、他者に読まれて困ることはそもそも、記録しない習慣を付けた方が賢明であろう。

　記録に書きたいのは支援計画に沿った進捗であるから、支援計画に沿わないことは書かなくて良い。「やります」と言っていないことを書く必要があるということは、そもそもの支援計画が適切でないことの表れでもある。支援計画に無い内容で記録する必要のあることが出てきたとしたら、支援計画を修正したうえで日々の記録（と支援）に連動させるようにしたいものである。

　記録が個人の備忘録でないということは、主観や感想を書くことは避けたい。専門職としての意見と個人の主観や、客観的事実と個人的な感想は線引きは難しいところもあるが、その違いについては後述する。

　最後に、繰り返しになるが、記録は第三者に読まれるために書くものである。そしてその第三者がどのような背景の人物かは、書いている時点では予測しきれない。「このぐらい書けばわかってくれるだろう」と期待するのは得策ではないということである。かつてある記録について指摘したところ、「そんなことは監査でも聞かれたことありません」と反論されたが、監査する人たちはサービスを熟知した、内輪とも言える。利用者やその家族、裁判員と言った普通の人たちが、前提無く記録を読むかもしれない、という可能性をぜひ意識して記録を書きたいものである。

相談援助職として書く記録 **1章**

第3節 # 記録の体裁（「見た目」や「書きぶり」）

---

1 ## 修正・改ざんしていないと第三者が見てわかるようにする

　記録を書く際まず気を付けなければならないのが、修正改ざんできないようにする、あるいは修正改ざんしていないと第三者が見たときにわかるような書き方を工夫するということである。

　手書きの記録の場合は、鉛筆やシャープペンシルを使わない、修正液や修正テープを使わない、といった事務文書作成の基本は押さえる必要がある。

　さらに、PC入力、手書きともにいえることとして、余白を残さない、記入しない項目は斜線で消すようにしたい。空欄があると、後から記入できるようにするために空けている、あるいは加筆することが常習化されているような印象を与えかねないからである。通常の記録は、罫線が引かれたところに書くことが多いと思われるが、インテークシートやアセスメントフォーム、支援計画やケアプランのように、決まった書式を使われることもあるだろう。この、決まった書式に記入する際、つい飛ばす項目と言うのがある。例えば面接していて時間切れで聞けなかったとか、本人が答えなかったとか、あるいは今日はこの対象者にはこの質問は不要だと支援者自身が判断して飛ばす、といったことがよく起きるのだ。その時はわかっていても、数日たってしまえば飛ばした理由はわからなくなる。そこに例えば開示請求があって、「どうして抜けているんですか？」と聞かれて「どうしてでしたっけ、ちょっとお待ちください」と調べる時間が無駄である。専門職には、なぜ書いたかのかと同様に、なぜ書いていないかの説明が求められる。空欄は極力作らない習慣を付けられた方が良いだろう。

2 ## 二重帳簿を作らない、メモ書きを残さない

　記録作成の際は、開示対象にならない記録は極力残さないように習慣をつけることが望ましい。

　現在の日本では、開示請求があった場合にその対象になる文書とそうでない文書は分かれている。しかしすでに述べたように、記録に対して説明が求められる期間は長期にわたり、その間に法律が変わって、開示対象でなかった文書が対象になることもありえる。例えばアメリカでは、メモ書きも存在するとわかった時点で、すべて開示対象になる。日本でも、公務員の公文書とメモ書きの境目については事件があると議論されるところである。そう考えると、本人に見られて困る記録は極力残さない方が

19

賢明であろう。

　支援者の方に「記録を見せてください」とお願いすると、大概の場合はパーフェクトな記録を出してくれるが、その一方でほとんどの方が、本人や家族の本当の家族構成や本当の経済状況を書いた「真実の手帳」のようなものを持っている。しかし、そもそも、その手帳の管理を考えるといかにも煩雑で、二度記録を作る手間こそ減らしたい作業である。

　また、メモ書きということでいえば、付箋などに本人の情報を書きとめることも避けたい。付箋に書いたメモは、本人の記録に貼ったつもりでも別のところに貼り付いたり、折れ曲がって見つけられなかったりして、われわれの業務を著しくかく乱することになる。どうしても本人についてメモを書いた付箋をそのまま使いたいのであれば、せめてそれが誰についてのメモかわかるよう、氏名や生年月日、ID番号を書くなどしておこう。

相談援助職として書く記録　1章

| 第4節 | 進捗記録のフォーマット |

1　「情報」「判断」「対応」で示す支援の実績と根拠

　支援記録は、支援者が提供したサービスの実績を第三者に伝えるツールであることはすでに述べた。また、支援記録は支援計画がどの程度実行されているか、問題解決が進んでいるか、軌道修正が必要か、という進捗を記録することが必要であることも上述の通りである。

　支援者の記録には支援の契機となった「情報」、支援をするに至った「判断」、実際行った「対応」の3点について記載し、かつ、判断の根拠が情報に、対応の根拠が判断に書かれている、つまり3つのパートから成っているが、一つのストーリーを構成していることが必要である。

　例えば、保護司の業務では、覚せい剤を使って保護観察処分になった対象者に、月2回面接をしてその内容を保護観察官に報告することが求められる。この、保護司から観察官に、「また覚せい剤を使っているようだった」という報告がされたとしよう。この文章は、情報、判断、対応のどれに当たるだろうか。これは、「ずっと仕事を休んでました」と本人が言っているとか、2週間前にあった時と比べて痩せているな、とか、ガサガサしているな、といった情報を根拠に、保護司の頭の中で「また使ってるんじゃないのか」と考えた判断である。仮に判断だけが監察官に報告されたとすると、監察官は何をもって再使用を疑ったのかわからないし、本人に確かめるにも具体性が無くて、言いがかりになりかねない。つまり、判断だけを報告したのでは具体性が無く、支援者の思い込みなのか、事実に基づいた推測かも区別できないことになる。また、再使用を疑ったことについてどう対応したかが報告されなければ、疑いっぱなしの印象を与えかねない。「監察官に至急報告した」「主治医に会うように勧めた」など、支援者自身の判断を根拠に何らかのアクションを取ったのであれば、それも併せて記録しておくことが必要なのである。

　別の例では、女性相談センターにある女性がふらりと現れて、「パンフレットをください」と言ったとしよう。たまたまその時に相談員が席を外していて、守衛さんがパンフレットを渡したとする。この状況は、「女性がパンフレットをくださいと言った」という情報に対して、「パンフレットを渡した」という対応がなされたと言える。しかしもしその場に相談員がいれば、黙ってパンフレットを渡して帰すということはまずないだろう。相談員であれば、「何か困っておられますか？」と一声かけるのではない

21

だろうか。それに対して女性が「今、社会人大学院で勉強してて、地域資源を調べてるんで、パンフレットもらいに来ました」と答えたとして、見たところ特に困っている様子もないとなれば「頑張ってくださいね」とパンフレットを渡して帰すだろう。この状況も、はた目には守衛さんの場合と、情報と対応については差が無い。しかし、相談員の場合は女性との会話から、「今の時点では保護などの必要はなさそうだ」と判断したからこそ、パンフレットを渡すだけで帰しているのである。この判断の部分は相談員の頭の中でだけ起きていることであるから、第三者には敢えて説明しないことには、そういうプロセスが発生したこと自体伝わらない。場合によってはセンター長から、「え?ただパンフレット渡して帰したんですか?じゃあ守衛さんと対応が変わらないじゃない。それだったらわざわざ専門員配置しないでもいいんじゃないの?守衛さんのシフトを増やせば良いじゃないですか」と人員配置にまで意見されかねない。結果からはわれわれ相談援助職の業務は測れないから、そこに至ったプロセスをしっかり説明しなければならない、というのはこういった例からも見ていただけるだろう。

　この状況は、後輩の育成などでも見られる。皆さんの職場に新人がやってきたら、おそらく OJT で指導されるだろう。その場合、新人さんは皆さんの肩越しで本人とのやり取りを見る、あるいは後で記録なり口頭なりで振り返ることになるだろうから、どういう相談者が来たか（情報）と、相談員が何をやったか（対応）は見ていればわかる。しかし、目の前の相談者に対して、先輩である皆さんがどういう取捨選択をしたか、どういう優先順位付けをしたか、というプロセス（判断）は、本人の頭の中でしか起きていないことなので、わざわざ説明してもらわないと理解できないのだ。この新人さんがデビューした時、全く同じ事例が来れば対応できるだろうが、少しでも違う事例が来たら、そもそもの理屈（判断）がわかっていないので、応用が利かずお手上げになってしまうだろう。このように、専門職の業務において、判断がどれだけ言語化でき、かつ第三者と共有できるかは極めて重要なスキルである。冒頭に触れた、医師たちがセカンドオピニオンを持つように相談員がセカンドオピニオンを語れるようになるには、「なぜその意見があり得ると思ったか」がどれだけ説明できるかにかかっている。

2　SOAPノート

　進捗記録の実際の書き方として、改めて SOAP ノートを紹介しよう。SOAP ノートはもともとはアメリカの医療現場で医師たちが使い始めた記録の様式で、日本でも広く使われている。相談援助職の書式としては、実は SOAP ノートには課題もあるものの、他職種との情報共有のしやすさや使用実績から、進捗記録という書き方の入門として紹介したい。

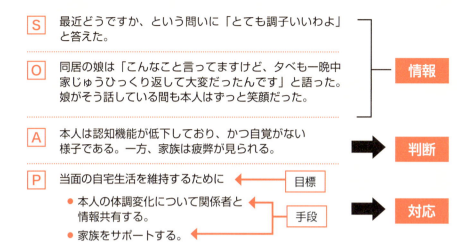

　SOAPノートはもともと4つのパートで構成されている。Subjective（主観的情報）、Objective（客観的情報）、Assessment（アセスメント、見立て）、Plan（計画）のそれぞれの頭文字を取ってSOAPと呼ばれている。上述した情報に当たるのがSとO、判断に当たるのがA、対応に当たるのがPである。

Subjective（主観的情報）

　SOAPノートは利用者を中心に据えた記録の書き方である。そのため、ここで言う主観とは、書いている支援者の主観ではなく、相談に来ている利用者の主観である。主訴や、それ以外の本人が語った情報はここに入る。

　さらにSには、支援者が話を聞いた時点では事実と特定できない情報も入り得る。例えば「○○の生まれ変わりです」とか、「鳩がしゃべってきます」といった妄想と思われる訴えだけでなく、虐待、ネグレクト、DV、いじめ、ハラスメントなど、第三者からの情報が無くて、その話が事実なのか、利用者の思い込みなのか、作り話なのか判断しかねる場合、それでもどこかに記録するとすればSに書くことが必要である。

　記録の研修では、「本人の話したことはすべて書くよう言われてきました」という声がよく聞かれる。本人の話を書くとすればSであるが、後から「そんなこと言ってません」と言われることもあり得ることを考えれば、すべて書くより、自分の支援の根拠として必要なことを書くことを優先したほうが賢明であろう。

　またSに本人の語ったことを書くのは共通認識として浸透しているが、本人の言葉をそのまま書いたのか、支援者が自分なりにまとめて書いたのかは区別できたほうが

良い。そのため、本人の言葉はカギカッコでくくるなどし、そういう書き方をすると決めたのであればカッコの中は常に引用をそのまま書くようにしよう。

Objective（客観的情報）

　ここでいう客観は、利用者の客観であるので、本人以外からの情報はここに入る。医師の記録で言えば、血液検査の数値や傷の画像などが該当する。支援者のSOAPノートでは、面接中に自分が見聞きした本人の様子や、他の専門職や家族、地域などからの情報、紙ベースで収集した事前情報などはここに入る。

　家族からの情報、ということで言えば、本人が認知症状などで話すことができない場合の家族からの話は、SOAPノートの趣旨で言えばOに入る。というのは、それはあくまで家族の見解であって、本人が話すことができれば「そんなことないですよ」と言うかもしれないからだ。

　面接中に見聞きした本人の様子は、のちに触れるMSE（メンタルステータスエグザム）を元に可視化することが求められる。その主な要素には次のようなものがある。

- 全般的な見掛けや身だしなみ。パッと見どんな様子か、どんな服装や化粧か、身だしなみは整っているか、体臭や酒の匂いがするか等も含まれる。
- 体の動きや運動機能。面接中の姿勢や身振り手振り、歩き方なども含まれる。がさがさと落ち着きがない、あるいはのろのろとして反応が遅い、といった全体的な動きで、精神・身体の健康状態や、薬物使用の疑いに関する情報が得られる。
- 発言の量と質。話すスピードや声の大きさなどが含まれる。体の動きと同様に、大声であったり小声であったり、非常に早口、あるいはほとんど発言がないといった話し方から、本人の精神状態が読み取れる。
- 思考過程と内容。筋道立てて考えられるか、恨みや怒り、後悔など同じことばかり考えていないか、といったことが含まれる。

　また、Oに記録する上で重要なのが、変化を言語化することである。人間はとても精巧なセンサーである。何か様子が違うという印象を受ける時は、必ずその根拠となった情報があるはずである。それを言語化して記録するようにしよう。

　なお、実際にSOAPノートで書き始めてみると、案外苦戦するのがこのSとOの書き分けである。どこまでが本人が語ったことだったか、どこからが事前情報で知っていたことか、混乱されることが多いようだ。しかし現在の日本でのSOAPノートの運用はそれほど厳密ではないので、あまり気にされなくても良いだろう。ただし、SとOがしっかり区別されたほうが良い場合がある。それは、SとOが一致しない場合、すなわちギャップがある場合である。このギャップが生まれるのは、利用者に問題意

識や病識が無い場合と、利用者が何らかの理由で嘘をついている場合である。

例えば、認知症の女性に「最近どうですか？」と尋ねて、「調子いいです！」と本人は元気に答えても、隣にいる娘が「こんなこと言ってますけど、昨日も一晩中引き出しひっくり返して大騒ぎだったんです」と答えたとする。この場合、Sは「調子いいです、と答えた」、Oは「娘は『一晩中引き出しひっくり返して大騒ぎだった』と語った」となり、ギャップがある。認知症状で、本人には病識が無いが周りは困っていて、実際問題が起きている状態である。

もう一例は、見るからに調子が悪そうな人に「最近どうですか？」と聞くと、ものすごくつらそうにぼそぼそと「調子いいです…」と答えたとする。この場合もSは「調子いいです、と答えた」となるが、Oは「つらそうな表情でぼそぼそと語っていた」となり、ギャップがある。これは、例えばここで調子が悪いと認めると、やっと自宅に戻ったのにまた入院しなければいけないとか、やっと子どもが手元に戻ったのにまた手放さなければならないとか、やっと復職できたのにまた休職しなければいけないとか、何らかの理由で問題があること自体認めるのが都合が悪くて嘘をついている場合である。

この、問題意識が無い場合と嘘をついている場合に共通するのが、こちらの支援計画に乗ってこない可能性が高いということである。そもそも問題があると思っていない、あるいは問題があると認めたくないので解決しようとしない、という利用者に対しては、かなり手厚い支援計画を作り、マメにフォローしなければうまくいかない可能性が高い、ということになる。SとOが一致している（問題意識があり、問題解決に対して意欲がある）場合と比べて、ギャップがある事例についてはSとOの書き分けが重要なのはこう言った理由からである。

Assessment（アセスメント、見立て）

医師がSOAPノートで記録する場合、Aに入るのは診断名や所見である。われわれ支援者は診断こそしないが、目の前にいる利用者がなぜ今支援を必要としているのかの判断は行っている。この判断を言語化し、第三者と共有できるよう文字にしたものがアセスメントである。最近ではアセスメントフォームが一般化してきていて、その中で聞いている質問やそれに対する答えがアセスメントと思われることもあるかもしれないが、本来アセスメントではそういった情報を元に、何が課題かを整理して言葉にすることが求められる。

SOAPノートを紹介するにあたって、どの職種の方も一番苦労されるのがこのアセスメントである。情報があって、それに対して自分の取った対応がなぜベストだと思っ

たか、ある意味慣れてくればくるほどあらためて意識することが無い、ということも多いようである。第4節1の、女性相談センターに現れた人にパンフレットを渡して帰した例（21頁）のように、なぜその時点でパンフレットを渡すことで十分と判断したのか、さらに言えばその根拠がSやOで触れられているか、意識して記録したい。

　例えば新しい利用者に面接をした後、上司から「今日の人、どうだった？」と聞かれて「大丈夫です」と答えたところ、「どうしてそう思ったの？」と再度聞かれたとする。その時に「独居でしたけど近所の方たちが毎日お茶のみに来てくれているそうです」と答えたら、それは単に情報を伝えているに過ぎない。しかしそこに「なので、目が行き届いていて、新しいサービスは要らないと思いました」と自分の意見が加われば、それが専門職としての判断になる。

　診断しないのだからと、判断に踏み込むことに抵抗を感じる人も少なくないかもしれないが、専門職としての介入の意義を示すためにも自分の頭の中で起きたプロセスをぜひ言葉にしていただきたい。

Plan（計画）

　Pは計画である。医師の記録では、処方箋や術式が入る。当初の支援計画を継続するのか、軌道修正するのかを記載する。

　支援者の記録で難しいのが、Pには今後行う計画だけでなく、場合によっては面接中にすでにやった対応が含まれることもある点である。気難しい利用者にいくつか提案したけれどことごとく断られた、といった場合、Pには断られた事実と、今後どんな対策を取るかを書くことが望まれる。

　支援計画を作成する際に心がけなければならないのは、目標と手段を混同しない、ということである。例えば「断酒する」というのは、究極の目標ではない。しかし断酒している本人にとって、飲酒しないことはとてつもなく大きな壁で、つい断酒のために断酒するような気持ちになってしまいがちである。「退院する」も同様で、入院中の本人は退院することで頭がいっぱいなので、仮に退院が数日延びたとなると、絶望的になるものである。そんな時こそ支援者は、少し引いた目線で、そもそも断酒は「家族と関係を修復して仕事を続ける」、退院は「自宅で家族と安心して生活する」、といった長期的目標のための手段であることを意識し、状況に応じてリマインドするようにしたい。そうすることで、利用者の動機付けができ、介入が場当たり的でなくなる。

　支援目標を決める際には、次のような点に留意したい。

・客観的で具体的、数値化できる目標を策定する。「親とケンカしない」では具体的でないが、「親との口論を毎日から週5日に減らす」としてその数え方を工夫すれば、

「今週は部活の無い日はケンカしなかったから、水曜日と金曜日の2日はしなかった」、と本人も自分で変化に気付けるようになり、セルフモニタリングできるようになる。

・本人の要望を取り入れ主体性を持たせる。目標を決めるときには、「無駄遣いしない」とお説教調にしたり「自立性を養うために必要な金額は貯金する」と支援者目線の目標にしがちである。しかし本人が「スマホが欲しい」と言ったのであれば、「スマホを買うために貯金する」など、本人の言葉を組み込んだ目標にしたい。それによって、目標が本人の目標になり、問題解決に主体的に取り組めるようになる。

2章

専門職として
適切な表現集

MSE（Mental Status Exam
メンタル・ステータス・エグザム）
をふまえて

MSE を用いて言語化する場合の留意点

　支援者が情報を可視化する方法としては、前書でも紹介した MSE（Mental Status Exam、メンタル・ステータス・エグザム、日本語では精神的現症検査）がある。アメリカでは精神科あるいは神経科で広く使われている技法で、精神医学の根幹をなす判定方法である。面接の際に、その時々のスナップ写真を撮るようなイメージで、言葉で情報を残すための様式である。MSE は本人の訴えによる主観データと、支援者の観察による客観データからなる。利用者や家族の認知・感情・情緒的機能の現状を描写するとともに、今後精査を要する点を明らかにし、リファーの手がかりとなる。

　毎回すべての項目について書かなければいけないというわけではない。むしろ、同じ利用者と継続的に関わることを想定した場合、「この人はここに注目すると調子の良し悪しがわかる」というポイントを端的に書ければ、そのほうが利用者自身とも他の専門家とも情報共有の効率は上がる。

　さらに、MSE を繰り返し行う場合には、変化を言語化することを心がけたい。何か様子が違うという印象を受ける時は、必ずその根拠がある。その根拠を、MSE を参考に言語化するようにしよう。様子が違うと思ってよく観察したら、顔色も悪いし体重も減っているようだ、というように、できるだけ具体的に、第三者に誤解の余地が少ない表現で文字にするようにしよう。

　MSE の項目は、1. 全般的な見かけや身だしなみ、2. 体の動きや運動機能、3. 発言の量と質、4. 思考過程、5. 思考の内容、6. 知覚障害、7. 面接時の態度、8. 感覚／意識と見当識、9. クライアントの報告による気分、10. 面接者の観察による感情・情緒の内容と振幅、11. 知能、12. 洞察力、13. 判断力、からなる。

　なお、本書では前書で紹介した具体例の増補を掲載している。皆さんの実務にぜひ役立てていただきたい。

1　全般的な見かけや身だしなみ

　パッと見どんな様子か、どんな服装や化粧か、身だしなみは整っているか、また体臭や酒の匂いがするかに注目する。「不潔」という印象ではなく、なぜ不潔と思ったか、そう感じた根拠を具体的に言葉にして文字にする。またその際には、利用者の年齢や性別、文化的背景の影響、社会的役割に見合っているかどうかも合わせて検証する。

　影響する問題としては、セルフケアの減退、脳障害、統合失調症など精神病性障害、抑うつ症状、双極性障害、薬物・アルコールの使用、判断力の低下の可能性などが考えられる。

×	太っている	○	ふくよか、がっしりしている
×	痩せている	○	ほっそりしている
×	ケバい	○	華やか
×	化粧が派手	○	個性的な化粧、はっきりとしたアイライン、など具体的に
×	極端に細い眉	○	丁寧に手入れされた眉
×	とっぴなメイク	○	口紅が著しくはみ出している、非常に濃い頬紅、など具体的に
×	ケバい服装	○	職場に薄手のミニスカート、胸元が大きく開いたシャツ、など具体的に
×	アクセサリーがちぐはぐ	○	アフリカ風のネックレスと和風の髪飾り、など具体的に
×	髪がぼさぼさ	○	髪が伸びている、整髪されていない
×	職場にふさわしくない	○	職場にサンダル履き、シャツにアイロンがかかっていない、など具体的に
×	髭が伸びっぱなし	○	髭が伸びている
×	近寄りがたい雰囲気	○	上下とも黒い着衣、ドクロの絵のTシャツ、など具体的に
×	酒臭い	○	酒の匂いがする
×	体臭がひどい	○	汗のにおいがする、尿臭と思われる匂いがする、香水の香りが強い、など具体的に

2 体の動きや運動機能

面接中の姿勢や身振り手振り、歩き方なども含まれる。

影響する問題としては、過度の緊張や、警戒、抵抗のほか、統合失調症、脳障害、抑うつ症状、双極性障害、薬物・アルコールの使用、薬の副作用、薬物の禁断症状、また文化的背景の影響も考えられる。

× のろい	○ 体の動きがゆっくりしている
× がさがさしている	○ 体の動きが早い
× 落ち着きがない、そわそわする	○ 面接中座っていることが困難な様子、あたりを頻繁に見回している
× 貧乏ゆすり	○ 組んだ足をずっと揺すっている、など具体的に
× うろうろする	○ 室内を歩き回る
× 歩行の異常	○ すり足で歩く、極端にゆっくり歩く、など具体的に
× 同じことばかりする	○ 同じことを繰り返す
× 目が合わない	○ アイコンタクトが少ない
× 目つきが悪い	○ 視線をそらさない
× ふんぞり返っている	○ 会話中背もたれにもたれている
× だらっとしている	○ 前かがみに座っている、など具体的に

専門職として適切な表現集　2章
～MSE（Mental status Exam）をふまえて

3　発言の量と質

　話すスピードやなめらかさ、声の大きさなどが含まれる。体の動きと同様に、大声であったり小声であったり、非常に早口、あるいはほとんど発言がないといった話し方から、利用者や家族の精神状態が読み取れる。また、どういった語彙を選んで話しているかによって、教育背景や知能、対人関係のパターンを推測することができる。

　影響する問題としては、聴覚など身体機能や言語障害、脳機能障害、抑うつ症状、双極性障害、幻覚、妄想、薬物・アルコールの使用などが考えられる。

	×		○
×	元気がない	○	声が小さい
×	うるさい	○	声が大きい
×	おしゃべり	○	発話が多い
×	べらべらしゃべる	○	発話が途切れない
×	まくしたてる	○	スピードが速い
×	無口	○	発話が少ない
×	会話が続かない	○	発話が少ない、スピードが遅い
×	発言に詰まる	○	～の話の途中で突然発話が途切れる、など具体的に
×	どもる	○	言葉がつかえる、発話の最初に口ごもる、など具体的に
×	ろれつが回らない	○	発話が不明瞭である
×	小難しい言葉を使う	○	用語選択が洗練されている
×	下品な言葉遣い	○	猥雑な言葉を使う、乱暴な言葉を使う、など具体的に
×	なまっている	○	方言で話す、方言のアクセントがある

33

4 思考過程

筋道立てて考えられるか、話の流れは聞き手に理解できるようなものか、といったことを指す。精神・身体状態はもちろんのこと、利用者や家族のコーピングスキルや許容範囲などについての情報も収集できる。一口に「話が通じない」と言ってもその表れ方や原因は様々なため、できるだけ具体的に記録することが望ましい。

影響する問題としては、脳疾患、認知機能障害、双極性障害、統合失調症、強迫的傾向、薬物・アルコールの使用などが考えられる。

× 話がころころ変わる	○ 話が次々に変わる
× 話がポンポン飛ぶ	○ 話が次々に湧き出す
× 話が飛躍する	○ 話題の展開が非常に早く、つながりが聞き手にわからない
× 話が回りくどい	○ 情報量が多い
× 説明が細かすぎる	○ 説明が非常に詳細である
× 話が進まない	○ 同じ話を繰り返して話題の展開が見られない
× 話が脱線する	○ 話が逸れて元の話題に戻らない
× 話が支離滅裂	○ 考えに関連がなく、まとまらない
× 言葉が入り乱れてめちゃめちゃ	○ 語句が他の語句と混じっている
× 話がどうどう巡り	○ 一旦終わった話がそのあとの話題でも出てくる、質問に対して回答がなく同じ話題が続く
× 話が途切れ途切れ	○ 考えている途中に突然内容を忘れる、話の途中に考えが止まってしまう

専門職として適切な表現集
〜MSE（Mental status Exam）をふまえて
2章

5 思考の内容

恨みや怒り、後悔、不安や心配などの内容そのものだけでなく、同じことばかり考えていないか、といったことが含まれる。精神状態や支援を求めてきた動機、支援者としてどういった介入が必要かを判断する、重要な情報である。

影響する問題としては、統合失調症、不安障害、強迫性障害、抑うつ症状、双極性障害、薬物・アルコールの使用などが考えられる。

×	ぐるぐる同じことを考える	○	〜のことを繰り返し考える、など具体的に
×	延々確認しないと気が済まない	○	鍵をかけたか繰り返し確認しないと気が済まない、など具体的に
×	怖くて気が狂いそうになる	○	「怖くて気が狂いそうになる」と発言
×	病気だと思い込んでいる	○	〜（症状、疾患名など）だと強い信念を抱いている、など具体的に
×	自殺念慮あり	○	「死にたい」と発言、など具体的に
×	他害念慮あり	○	「〜をやっつけたい」と発言、など具体的に。
×	被害妄想あり	○	〜に狙われていると確信している、〜に通帳を取られたと繰り返し発言する、など具体的に。
×	関係念慮あり	○	「テレビのニュースで自分のことを話している気がする」と発言、など具体的に
×	思考が貧困	○	〜という質問への答えがあいまい

35

6 知覚障害

　自分の体が受けた刺激を心理的情報に変換する過程における障害で、体が実際に受けた刺激と、刺激を受けたという思い込みの区別がつかない状態である。例えば、実際に声が聞こえたのか、聞こえたような気がするのか、判断がつかない場合（幻聴）を指す。感覚器官に物理的・身体的問題がある場合はこれにあたらない。

　影響する問題としては、せん妄や薬物の離脱症状、中枢神経系の損傷、脳障害、身体性疾患、統合失調症などの精神病性障害、PTSD、薬物・アルコールの使用などが考えられる。

× 錯覚あり	○ 「木の影がお化けに見える」と発言、など具体的に
× 幻あり	○ 「亡くなった夫の姿が見えるけれど、いないことはわかっている」と発言、など具体的に
× 幻覚あり	○ 「〜が見える」「〜が聞こえる」と発言、など具体的に
× 解離	○ 「事故前後の記憶が虫食いになっている」と発言、など具体的に
× 現実感消失	○ 「周りの人たちが機械のように思える」と発言、など具体的に
× 離人症	○ 「自分が高いところから見下ろしてるように感じる」と発言、など具体的に

7 面接時の態度

　面接中の態度というのは、利用者や家族の対人関係パターンや問題解決の傾向などについて、非常に多くの情報を与えてくれる。「この調子じゃあ、この人は家族からも総スカンだろうな」「ああ、こんないい人、本当に気の毒。助けてあげたい」といった感情が支援者側に生じたら、それは利用者や家族の態度による影響であることが多い。

　また、「反抗的」よりも「質問しても違う方を向いてしまって答えなかった」、「積極的」よりも「こちらの提案に加え自分からも○○という目標を提示した」というように、なぜそういう感情や印象を持ったか、その根拠を具体的に文字にできると、記録としてより有用である。

×	一緒に解決する気がない、非協力的	○	支援に対し協力しがたい様子
×	問題に向き合おうとしない、回避的	○	問題について話すと話題を変える
×	「どうせできない」とひがみっぽい、卑屈	○	自分では「できない」と発言を繰り返す
×	面接者に食ってかかる、攻撃的	○	面接者に対し大きな声で質問を繰り返す
×	あれこれ注文を付ける、要求が多い	○	支援について明確に意思を表明する
×	面接者に色目を使う、誘惑的	○	面接者に個人的質問を繰り返しする
×	面接者を煽る、挑発的	○	面接者が要望を断っても繰り返し要求する〈挑発的を示唆〉
×	どうせ全部筒抜けでしょと言う、疑心暗鬼	○	個人情報の取り扱いについて懸念を示した
×	逆ギレする、感情的	○	〜を指摘すると大きな声で「それは違う」と答えた
×	言われたことは何でもやると言った、受身的	○	提案について意見を述べずに同意した
×	揺さぶってくる、操作的	○	面接者を非常に賞賛する一方、他の関係者に対し批判的である
×	問題に関心がない、無関心	○	問題解決に意欲的でない
×	決めようとしない、依存的	○	他の意見に同調していた
×	問題を認めようとしない、抵抗的	○	同意しないと表明している
×	ダメだと思い込んでいる、否定的	○	問題は変わらないと思っている

×	やっても無駄と思っている、懐疑的	○	効果について納得していない様子である
×	腹を割ろうとしない、防衛的	○	あいさつを交わすにとどまっている

8　感覚／意識と見当識

　利用者や家族の意識がはっきりしているか、ぼんやりしているか、あるいは混乱しているか、また、時間、場所、人物がきちんと認識できているか、がこれに当たる。これらにより、利用者や家族の認知機能が面接時点でどの程度機能しているのかが判断できる。

　影響する問題としては、認知障害や薬物・アルコールの使用が考えられる。

×	ぼーっとしている	○	ぼんやりしている
×	意識がこんがらがっている	○	混乱している
×	見当識がない	○	時間が分からない、場所が分からない、自分が誰だか分からない、など具体的に。

9　クライアントの報告による気分

　利用者や家族自身が自分の気分をどのように捉えているか、またそれを伝えるかがこれに当たる。できるだけ具体的に記載することが重要だが、本人が言ったからといってすべて記録してよいのか、それが本当にのちのちデメリットにならないか、吟味することが必要である。特に過激な表現などは、カッコを使うなどする。

　影響する問題としては、抑うつ症状、双極性障害、薬物・アルコールの使用、認知機能の問題などが考えられる。

×	サイアク	○	「サイアク」と語った
×	マジむかつく	○	「マジむかつく」と訴えた

×	ハイ	○	気分がいい、高揚している、「ハイ」である
×	ロー	○	落ち込んでいる、元気がない、「ロー」である
×	めちゃめちゃ落ち込んでる	○	非常に落ち込んでいる、「めちゃめちゃ」落ち込んでいる

10 面接者の観察による感情・情緒の内容と振幅

支援者が面接を通して、利用者や家族の感情をどのように観察したかである。

影響する問題としては、うつ症状、双極性障害、脳機能障害、薬物・アルコールの使用、パーソナリティ障害などが考えられる。

×	感情表現がオーバー	○	内容に比して感情表現が豊かである
×	感情の浮き沈みが激しい	○	感情表現が極めて豊かである
×	表情がころころ変わる	○	感情表現が豊かで頻繁に変化する
×	感情がマヒしている	○	内容に対して感情の変化が見られない
×	無表情	○	感情表現がほとんど見られない
×	感情表現が奇妙	○	悲しい話の時に悲しそうに見えない、楽しい話の時に楽しそうに見えない、など具体的に

11 知能

利用者や家族の問題解決能力を計る上で、知的な理解力を把握することは必要である。一般的には次のような表現で通常記載され、利用者の年齢を加味して判断することが当然求められる。

● 標準　● 標準以上　● 標準以下

12 　洞察力

　われわれ支援者が支援する利用者や家族が抱える問題は、個人の病気に限らないもの（例えば家族関係、職場の人間関係）であることが多い。そのため、単純に病識がある、というだけでなく、問題全体に対しての洞察力があるかどうかを知ることが、その解決において非常に重要なポイントとなる。また年齢に見合った理解を示しているかを加味することが重要である。

×	わきまえている	○	洞察力が良好である
×	自覚がない	○	自分が〜しているという洞察力が十分でない、など具体的に

13 　判断力

　MSEにおける判断力は、自分の言動が情況に与える影響を検討して、自身の衝動や情緒を制御する力のことである。ことの善悪の判断がつく、というよりも、「ここで今これをやったらどうなるかな、損になりそうだからやめておこう」と判断がつくかどうかである。例えば、何らかの秘密のある人がそのことを誰かに話すとして、話すこと自体は悪くはないが、「初対面で話すと相手がびっくりするかもしれないからやめておこう」と思うのか、最初からそういう話をするのかを比べると、前者は判断力がある（話すことで後々自分や周囲に影響があると考えることができる）といえる。

×	空気が読めない	○	〜と発言し、判断力が十分でなかった、など具体的に
×	場に合わせられない	○	〜という言動を取り、判断力が乏しかった、など具体的に
×	がまんできない	○	〜にもかかわらずやったことから、判断力が乏しい、など具体的に

3章

記録の実際74

事例と解説

記録を書くための技術を身に付けるには、多くの記録に触れることが最も効果的である。職場の同僚や上司とお互いの記録を読み合い、書き手の意図がくみ取れるか、改めてフィードバックしあうだけでも、他の人の参考にしたいところや自分自身のクセに気づけてスキルアップにつながる。しかしひとり職場で共有する相手がいない、とか、共有はできても実際どう改善すれば良いかわからない、という声はあちこちから聞かれる。そこで本書では実際の記録をもとに、どのようにすればよりわかりやすくなるか、その修正例をご紹介することにした。ここでは、明らかな間違いを正す、というよりも、予備知識なく読んだ時にどこがわかりづらいか、どんなところが気になるか、という視点でコメントをしている。修正例については、唯一の正解ではなく、考え方の参考例として見ていただきたい。

　なお事例は、ケアマネジャーの介護支援経過記録、病院で医療相談員に従事しているソーシャルワーカーや看護師の記録、研修会で参加者にその場で作成いただいたロールプレイの記録などをもとに、個人が特定できないよう改変して使用している。

＊＊＊

　支援者の記録を第三者として読んだ時に気になる点には、大きく分けると、専門職の記録として不十分な点と、そもそも事務文書としての課題の二種類がある。専門職としては、倫理的配慮をしつつ、職責を全うしたことが読み取れる記録が求められる。また事務文書としては、ちょっとしたメモ書きではない、公的な文書として第三者の目に触れることを想定した記録であることが必要である。この観点から、それぞれの事例の特に気になる点を Key Point として挙げた。また修正にあたっての留意点を、修正アドバイスとして挙げた。修正例を読み込む際の参考にしていただきたい。

※「Key Point」として、それぞれの事例で気になった点を分類し、最も注意を要する項目は赤字で表記した。

専門職として注意したい項目

リスクアセスメント	虐待、自殺等、高リスクの事例に対してアセスメントが不足している。
アセスメント	利用者本人のアセスメントが不足している。
家族のアセスメント	家族のアセスメントが不足している、あるいは家族のアセスメントしかなく本人の問題解決へのつながりがわかりづらい。
対応が不明	状況やアセスメントに対して支援者がどう対応したかがわからない。
主観的な表現	支援者の主観的・情緒的な表現になっている。
関係者の言動	関係者の言動について表現が適切でない。
家族の言動	家族の言動について表現が適切でない。
第三者に関する表記	関係者や家族以外の言動に関する表現が適切でない。
連携	関係者との連携が不足している、あるいは表現が適切でない。

文書としてわかりづらい項目

話者が不明	複数の語り手がいて、誰の発言かわからない。
文章が中断	文章が途中で切れている。
記号	記号が使われていて文章のつながりがわかりづらい。支援者の意図が伝わらない。
具体的でない	表現があいまいである。

1 自宅での転倒

KeyPoint **アセスメント** 話者が不明　対応が不明

▶ 元の記録

F： 自宅介護の限界

D： 転倒することが少なくなった。デイサービス利用中はトラブルは
ないが、それ以外の時間、一人では何もすることがなく、ただリ
ビングに座っているだけの生活になってしまっているのではない
かと**危惧** a）。しかし、何をしているか等については、本人の記憶
低下に伴い確認ができない。

長女としては、これからのを思うと、どこまで一人暮らしをさせ
ておいてよいのかと迷うと。

A： 見守りがあれば、できることはたくさんあるので、グループホー
ム等の選択も一つ。半日タイプのデイサービスを利用し、一人の
時間を減らす手もあることを**提案。** b）

R： ご本人からは転んだ経験の記憶はあり、現状が必ずしも良いこと
ばかりではないことは感じていらっしゃる**様子はうかがえる。** c）
長女は、グループホーム等の施設のリサーチは行っていこうと思
うと。

▶a
危惧しているのが支援
者なのか、長女なのか、
話者が不明。

▶b
長女からの疑問に対して
直接的な回答がない。

▶c
利用者の認知機能を
示す例なので、むしろD
に入っていてしかるべ
き内容である。また、利
用者が困難を感じてい
ると気づいているが、そ
れに対するアクションが
不明。

記録の実際74　事例と解説　3章

> **修正アドバイス**
>
> 認知機能のアセスメントは丁寧に行う。
> 家族からの疑問への対応もしっかりと記録する。

✔ **修正例**　　F：フォーカス、D：データ、A：アクション、R：レスポンス

F：自宅介護の限界

D：転倒することが少なくなった。デイサービス利用中はトラブルはない
　が、それ以外の時間、一人では何もすることがなく、ただリビングに
　座っているだけの生活になってしまっている可能性が危惧された。[1]
　しかし、何をしているか等については、本人の記憶低下に伴い確認が
　できない。ご本人からは転んだ経験の記憶はあり、現状が必ずしも良
　いことばかりではないことは感じていらっしゃる様子である。[2]
　長女としては、これからのを思うと、どこまで一人暮らしをさせてお
　いてよいのかと迷うと。

A：現状で安全な生活を継続することは難しそうである。しかし、[3]見守
　りがあれば、できることはたくさんあるので、グループホーム等の選
　択も一つ。半日タイプのデイサービスを利用し、一人の時間を減らす
　手もあることを提案。

R：見守り体制の見直しについてはご本人ははっきり返答されなかった。[4]
　長女は、グループホーム等の施設のリサーチは行っていこうと思う
　と。

▶1
支援者が主語であると明確にする。

▶2
認知機能に関する情報なので、Dに移動。

▶3
長女の疑問に回答しつつ、こちらの代替案を伝える。

▶4
利用者が感じている困難に対する提案と本人の反応を明記する。

45

2 高齢者虐待の疑い

KeyPoint **リスクアセスメント** 家族のアセスメント 主観的な表現

▶ 元の記録

　息子同席のもと訪問。

　右手首の絆創膏に血がにじんでいる。爪の形の傷が３か所できていて、どういう状況でできたのかを息子に聞く。「よくわからない。何かにぶつけたのかも」とのこと。息子はそわそわしてケアマネと目を合わせようとしない。a)本人はうつむいたまま。

　自傷行為である可能性も考えて b)「ぶつけたというよりは、はっきりと爪の形をした傷であるのが心配です」と伝えた。息子が「前から何回も同じところをかきむしっていた。そうだよね？」と詰め寄る c)と、本人もおずおずと d)頷く。息子は「この程度のことでいちいちとやかく言われては神経が持たないよ」e)と吐き捨てるように f)言う。

　息子が「なんでこんなことしたんだよ。お母さんがこんなことするから、皆さん心配して迷惑をかける。もう二度とするな」と何度も言うと、本人が「なんて返事したらいいんだかわからない」「私はこれ以上のことは言えない、何もしてないから」と絞り出すように g)語る。本人に「何か嫌なことがあって、息子さんに愚痴を言うのは悪いなと思うときには、われわれに話してください」と伝え、息子には日頃の介護の大変さをねぎらう言葉をかける。

　息子が「私が怒り過ぎるのかもしれないけど、甘やかしてもいられないから。『アメとムチ』ですよ」と言う。h)以前内出血ができて、息子が自分から「私がつねった」と話した折に、虐待の話をしたことが念頭にあってか非常に防衛的 i)で、今回は知らないうちにできた傷だという主張を頑として j)変えない。

　「なぜこんな傷ができてしまうのか、どうしたら傷が出来なくて済むのかを、ケアマネと一緒に考えましょう」と伝える。

　地域包括支援センターに状況報告、今後の対応などを相談することとする。

▶ **a**
ケアマネが受けた印象が書かれている。

▶ **b**
虐待ありきの文章表現。

▶ **c, d**
ケアマネの印象が文語的に書かれている。

▶ **e**
息子の疲弊が語られているが、それに対する手当てが無い。

▶ **f, j**
具体的な息子の話ぶりではなく、ケアマネの印象が文語的に書かれている。

▶ **g**
具体的な本人の言動ではなく、文語的な表現である。

▶ **h**
虐待が疑われる表現であるにも関わらず、具体的な聞き取りをしていない。

▶ **i**
なぜそのような印象を受けたのか根拠が不明。具体的な言動がわからない。

記録の実際74　事例と解説　**3章**

> ### 修正アドバイス
>
> 虐待が疑われた場合は事実を正確に記録する。
> 主観的・情緒的な表現は避ける。

✔ 修正例

[S]1)：右手首の爪の形の傷について、息子が「なんでこんなことしたんだよ」と何度も言うと、本人が「なんて返事したらいいんだかわからない」「私はこれ以上のことは言えない、何もしてないから」ととぎれとぎれに語る。

[O]：息子同席のもと訪問。右手首の絆創膏に血がにじんでいる。爪の形の傷が3か所できていて、どういう状況でできたのかを息子に聞くと、「よくわからない。何かにぶつけたのかも」とのこと。**息子はケアマネと目を合わせない**2)。本人はうつむいたまま。

「はっきりと爪の形をした傷であるのが心配です」と伝えると、息子が「前から何回も同じところをかきむしっていた。そうだよね？」と**強く**3)言い、本人は**弱く**4)頷く。息子は「この程度のことでいちいちとやかく言われては神経が持たないよ」と**強い口調で**5)言う。

息子が「私が怒り過ぎるのかもしれないけど、甘やかしてもいられないから。『アメとムチ』ですよ」と言う。**「ムチとは？」と尋ねると、「言葉のアヤです」と答えた。**6)

[A]：以前内出血ができた際は、息子が自分から「私がつねった」と話した。今回は知らないうちにできた傷だと息子は主張し、本人も自傷行為を否定したため、**経緯は不明で、再発予防が困難である。**7)**息子は介護で疲弊している様子である。**8)

[P]：本人に「息子さんに愚痴を言うのは悪いなと思うときには、われわれに話してください」と伝え、息子には日頃の介護の大変さをねぎらう言葉をかけた。

「どうしたらまた傷が出来なくて済むのか9)を、ケアマネと一緒に考えましょう」と伝えた。

地域包括支援センターに状況報告、今後の対応などを相談することとする。

▶1
事実関係と支援者の見立て、介入を明確に区別するためにSOAPで記載する。

▶2, 3, 4, 5
支援者の印象をできるだけ除いて客観的に記載する。

▶6
リスクと思われる言動に対して介入したことを記載する。

▶7
本人の安全確保が困難で、そのために支援が必要である、という見立て。

▶8
息子が介護の資源として機能しないという見立て。

▶9
原因究明のために息子と対立するよりも、再発予防が目的であることを強調する。

47

3 受診同行

KeyPoint 関係者の言動　家族の言動　主観的な表現　話者が不明

▶ 元の記録

○月○日　A病院受診同行

　診察室に入るなり、**あなたは誰と言った状況となり** a)「ケアマネです」と答えた途端 b)「血糖コントロールもできてないし、**在宅は無理です。施設でないと無理** c)」**と聞く。**d) 本日の同行目的はショートの情報提供書の依頼だったが、それどころではない状況。**何度も在宅が無理と言った発言であり** e)、介護者を**説得します** f) と返答をし、診察室を出る。

待合室で「突然でびっくりしたね」

妻「あんなの今まで言われたことがない。　もう少し頑張って**くださいね** g)」

ケアマネ「お母さんも頑張ってきたけど、お父さんとお互い元気に過ごすために施設に入って楽しみを作って生活できれば」

妻「お弁当も見てもらい、これでいいと言われたのに！おやつも食べさせていない」

　動揺が隠せない状況となる。h)

▶a
誰が話者かわからない。医師か。

▶b
ケアマネの印象が書かれている。

▶c
医師の発言であれば、発言内容を正確に記載する。

▶d、e
誰が話者かわからない。

▶f
「説得」することは必ずしもケアマネの役割ではない。

▶g
誰に対しての発言か不明。ケアマネか。

▶h
具体的に何が起きているのかわからない。

記録の実際74　事例と解説　3章

> **修正アドバイス**
>
> 関係者の言動の記録は具体的にする。
> やり取りをそのまま書くことよりも、読んでわかりやすい書き方を意識する。

✔ 修正例

〇月〇日　Ａ病院受診同行

　診察室に入ると、**医師から本人との関係を尋ねられ、**[1]「ケアマネです」と**答えると**[2]、血糖コントロールができておらず**在宅が困難であると繰り返し告げられた。**[3]　本日の同行目的はショートの情報提供書の依頼だったが、**話題にできなかった**[4]。**介護者である妻に状況を説明します**[5]と返答をし、診察室を出る。

　待合室で妻は、「あんなの今まで言われたことがない。お弁当も見てもらい、これでいいと言われたのに！おやつも食べさせていない」と**大きな声で語り、動揺していた**[6]。**傾聴し、心理的支援を提供した。**[7]

▶1
話者と発言意図を明確にする。

▶2
淡々と記載する。

▶3
ニュートラルな記載を心掛ける。

▶4
ニュートラルに記載する。

▶5
表現を工夫する。

▶6
具体的に状況を説明する。

▶7
妻に対するアクションを明記する。

4 連携先での出来事

KeyPoint 連携 アセスメント 家族の言動 話者が不明

▶ 元の記録

〇月〇日　訪問　【モニタリング】

ケアプラン続行。a)

今月のショート利用について。

本人：デイ利用時、ショートの職員に無視された。

妻：面会に行っても、何もせずベッドに座っている。何をしに行っているのかわからない。

とのことで、今月はキャンセルする。b) 来月の予約は保留とし、後日△△SS ●●さんに訪問し、**本人から** c) 話を聞いてもらうことにする。

訪リハPTより、現在リハで行っていることがマッサージと傾聴で、屋外歩行等ができずリハらしいリハになっていない、本人のニーズがどこにあるのか不明、**CMからも探ってほしいとのこと。**d)

本日は本人は出てこられず、挨拶だけだったため、聞き取りできず。

次月利用票・別表説明・同意・交付する。

▶a
今回の訪問でさまざまな課題が挙がっているが、それでもケアプラン続行が妥当と判断した根拠が不明である。

▶b
キャンセルした理由が本人や妻の不満によるものだけなのか、ケアマネ自身どう考えたのか、わからない。

▶c
誰が誰に何をさせようとしているのか、よくわからない。

▶d
PTからの依頼があるが、それに対して対応しておらず、今後どうアプローチするつもりなのかわからない。

記録の実際74　事例と解説　**3章**

> **修正アドバイス**
>
> 連携先での出来事について、聞きっぱなしにしていないとわかるように記録する。

✔ 修正例

〇月〇日　訪問　【モニタリング】

　当面はケアプラン続行、関係者からの懸念について確認し、必要に応じて変更を検討する。[1]

　今月のショート利用について。

　本人：デイ利用時、ショートの職員に無視された。

　妻：面会に行っても、何もせずベッドに座っている。何をしに行っているのかわからない。

　本人、妻ともショート利用のメリットを感じておらず、利用するほうがかえって負担になっているため、今月についてはキャンセルが妥当と判断した。[2]　来月の予約は保留とし、後日△△ SS ●●さんに訪問し、本人から話を聞いてもらうようセッティングする[3]ことにする。

　訪リハPT より、現在リハで行っていることがマッサージと傾聴で、屋外歩行等ができずリハらしいリハになっていない、本人のニーズがどこにあるのか不明、CM からも探ってほしいとのこと。

　本日は本人は出てこられず、挨拶だけだったため、聞き取りできず。次月訪問時にリハについて聞き取り、PT にフィードバックすることとした。[4]

　次月利用票・別表説明・同意・交付する。

▶1
今回の訪問では確認できなかったことに継続的に取り組むことを明記する。

▶2
本人や妻の訴えを元にケアマネが判断した、とわかるよう明記する。

▶3
話者が誰か、ケアマネの役割が何か、わかるように記載する。

▶4
PTのオーダーへの対応プランを明記する。

5 サービスの利用状況について

KeyPoint **アセスメント** 文章が中断 記号

▶ 元の記録

○月○日 **居宅介護、就労継続支援B型** a)、更新のための聞き取りで自宅訪問。本人、母同席。

- 機能訓練2か月前に終了、**地活** b)に週2日参加。**貼り絵などの作品作りや DVD 見ながらの体操、調理に参加している。食事の参考になったり、外出訓練したところへ自分で行けるようになって楽しみにつながっている。コミュニケーションの練習になって、活動参加充実している。**c)
- 食事は**ミルタイム** d)から塩分調整のお弁当を取っているが、高いのでお弁当などで少しでも浮かせたい。
- お尻の褥瘡は良くなった。
- 一人でお金をかけず、近所のフリーマーケットへ出かけたりしている。水曜日の休みについては、気候が良くなったら作業所1日増やすか？e) 考えたいが、**作業所は狭くて人が多いので疲れる。**f)

▶a
面談の内容と訪問の目的が一致しない。

▶b
訪問目的に含まれていない。

▶c
羅列されているが、活動内容と本人の感想が一致しない。

▶d
固有名詞が間違っている。そもそも記載が必要か、検討を要する。

▶e
記録は基本的に完結した文章で記載する。クエスチョンマークは使わない。

▶f
本人の訴えをどうアセスメントしたか、どう支援につなげるか、記載がない。

記録の実際74 事例と解説 **3章**

> **修正アドバイス**
>
> 情報を羅列するのでなく、読みやすさを意識して記録する。
> 記録の文章は完結させる。

✔ 修正例

〇月〇日　居宅介護、就労継続支援B型、地域生活支援センター等の資源利用の[1]更新のための聞き取りで自宅訪問。本人、母同席。

- 機能訓練2か月前に終了、現在は地活に週2日参加。貼り絵などの作品作りやDVD見ながらの体操、調理、外出訓練など[2]に参加している。食事の参考になったり、訓練で行った[3]ところへ自分で行けるようになって楽しみにつながっている。他の参加者と[4]コミュニケーションの練習になって、活動参加充実している。
- 食事はミールタイム[5]から塩分調整のお弁当を取っているが、高いのでお弁当などで少しでも浮かせたい。
- お尻の褥瘡は良くなった。
- 一人でお金をかけず、近所のフリーマーケットへ出かけたりしている。水曜日の休みについては、気候が良くなったら作業所1日増やすかを[6]考えたいが、作業所は狭くて人が多いので疲れる。

　褥瘡が改善しており、居宅介護は現状維持で良いと思われる一方、食事についてはフォローが必要である。自宅外での活動について、地活には満足しているが、作業所での活動には課題がある。今後活動をどう増やすか、検討を要する。[7]

▶ 1
面談の内容と訪問の目的が一致するよう書き方を工夫する。

▶ 2, 3, 4
活動内容とそこから本人が得た体験が一貫するように書く。

▶ 5
関係者の固有名詞は正確に書く。

▶ 6
記録は基本的に完結した文章で記載する。クエスチョンマークは使わない。

▶ 7
ケアマネの意見と今後の方針をわかりやすく書く。

53

6 関係者に関する苦情

KeyPoint 主観的な表現　アセスメント　リスクアセスメント

▶ 元の記録

〇月〇日　関係者会議。

　参加者：ケアプランセンター管理者〇〇さん、ケアマネ〇〇さん、訪問看護師〇〇さん、ケースワーカー〇〇さん、保健師〇〇さん、担当者。

【概要説明】

・担当ヘルパーから妻や関係者に**暴言** a)が頻繁にあり、**態度が非常に高圧的。**b)特に自分の思いどおりにならないと**ひどい。**c)

・担当ヘルパーに気に入らないことがあれば「辞める」という**切り札を出すため** d)、**周囲は何も言えない状態。**e)

・妻は介護疲れか日々の**ストレスうつのような状態** f)になっている。

【今後の方向性】

・妻、娘に来所いただいて、娘に現状を伝える。
　この時の**娘の対応を見て今後の方向性を決める。**g)

【娘が協力してくれる場合】

・担当ヘルパーを徐々にフェードアウトしていくプランを作成。

・本人のレスパイト入院。

【娘が協力してくれない場合】

・**そもそもケアプランに沿っていないので** h)請求できるかどうか検討。

・**虐待に当たるか検討。**i)

▶ a
具体的な発言内容がわからず、「暴言」と捉えた根拠も不明である。

▶ b
具体性に欠ける。

▶ c
どう「ひどい」のかわからない。

▶ d, e
表現が抒情的。わかりやすい表現に変える。

▶ f
病態に関する用語の使い方が不正確。

▶ g
娘の対応次第の出たとこ勝負の印象で、専門職としての方針わからない。

▶ h
すでにそう判断されるのであれば、そもそも請求はできないと思われる。

▶ i
誰による虐待かが不明瞭。また娘の対応にかかわらず検討が必要と思われる。

記録の実際74　事例と解説　3章

> **修正アドバイス**
>
> 関係者についての記録は具体的にする。
> 「虐待」という用語を安易に使わない。

✔ 修正例

○月○日　関係者会議。

参加者：ケアプランセンター管理者○○さん、ケアマネ○○さん、訪問看護師○○さん、ケースワーカー○○さん、保健師○○さん、担当者。

【概要説明】

・ 担当ヘルパーから妻や関係者に「できもしないくせに口出しするな」「いつでも辞めてやる」等の発言[1]が頻繁にあり、特に自分の思いどおりにならないと発言が増え口調が強くなる。[2] 周囲は意見を伝えられない状態である。[3]

・ 妻は介護疲れか日々のストレスからうつのような状態[4]になっている。

【今後の方向性】

・ 妻、娘に来所いただいて、娘に現状を伝え、状況の改善が必要であることを共有して、娘に協力を依頼する。[5]

【具体的なプラン[6]】

・ 担当ヘルパーを徐々にフェードアウトしていくプランを作成。

・ 本人のレスパイト入院。

・ そもそもケアプランに沿っていないことを担当ヘルパーと確認し、早急に是正する。[7]

・ 本人の安全確保が必要か検討。[8]

▶1
発言内容を具体的に記載すれば、あえて「暴言」「態度が高圧的」と主観的なコメントをする必要はない。

▶2
具体的に行動面でどう変化するかを記載する。

▶3
周囲がなぜ困っているのかを具体的に記載する。

▶4
病態に関する用語の使い方を正確にする。

▶5
娘の対応に関わらず専門職として取りたい方針を記載する。

▶6
娘の対応に関わらず実行する内容としてまとめる。

▶7
すでに判断されているのであれば、それに沿った対応をする。

▶8
「虐待」という用語を使わなくても、安全確認と言う本来の目的は伝えられる。

55

7 介護で追い詰められた家族

KeyPoint **リスクアセスメント** 家族のアセスメント 家族の言動

▶ 元の記録

○月○日　区役所での聞き取り、妻来庁。ケースワーカー同席。

妻がストレスと思うこと

- 介護にまつわる心配事
  良いヘルパーが定着しない。複数のヘルパーがいないと自分が具合が悪くなったときなど今後のことが心配。

- 経済的な心配
  月々の介護、食事やおむつで、年間600万円近くかかっている。こんなに長生きすると思ってなかった。**4、5年なら良いが1年もこのままでは介護倒れとなってしまう。**a) 在宅で安楽に看取れると主治医から聞いているが、**容体が急変して救急で入院して、人工呼吸器を付けられると困る。**b)

- 現在の生活
  まわりとのつながりがなければ、**夫の首を絞めて自分も首吊りしたいと思ってしまう。**c) **安楽死など調べてしまうこともある。**d) 夫が他界した後を思うと、**自分の生きる意味が考えられない。どうしていいのかわからない。**e)

現状の不安やストレスなど1時間半ほど伺う。**近々ご本人とお会いするために訪問し現状の様子を確認することにした。**f)

▶a
妻が心配しているのが経済的なことか体力的なことかわからない。

▶b
問題を整理するにあたって、経済的な心配というより治療方針に関する心配である。

▶c
他害および自傷にあたる発言で、リスクの度合いが不明である。

▶d
（利用者が被害者になり得る）他害に当たる発言で、深刻度が不明である。

▶e
利用者でない家族の自傷に関する発言、リスクが不明である。

▶f
家族からの訴えの切迫度に見合った対応か、不明である。

記録の実際74　事例と解説　**3章**

> **修正アドバイス**
>
> 自傷他害の恐れの場合はリスクの度合いをアセスメントする。
> リスクへの介入の場合は特に対応を具体的にする。

✔ 修正例

〇月〇日　区役所での聞き取り、妻来庁。ケースワーカー同席。

妻がストレスと思うこと
- 介護にまつわる心配事
　良いヘルパーが定着しない。複数のヘルパーがいないと自分が具合が悪くなったときなど今後のことが心配。**1年もこのままでは（体力的に）介護倒れとなってしまう。**[1]
- 経済的な心配
　月々の介護、食事やおむつで、年間600万円近くかかっている。こんなに長生きすると思ってなかった。4、5年なら良いが。
- **治療に関する心配**[2]
　在宅で安楽に看取れると主治医から聞いているが、容体が急変して救急で入院して、人工呼吸器を付けられると困る。
- 現在の生活
　まわりとのつながりがなければ、夫の首を絞めて自分も首吊りしたいと思ってしまう。安楽死など調べてしまうこともある。夫が他界した後を思うと、自分の生きる意味が考えられない。どうしていいのかわからない。

　現状の不安やストレスなど1時間半ほど伺う。首を絞めたい、首吊りしたい、という思いについて、これまでに実際に行動に起こしたことはないとのこと。しかし、他に相談する人がいないとのことだった。誰かに相談するよう勧めたら、**今は考えられないとのことだった。**[3]

　来週月曜日に[4]ご本人とお会いするために訪問し現状の様子を確認することにした。**また妻の不安やストレスについて引き続きお聞きして、夫のケアが続けられるよう支援することとした。**[5]

▶1
妻は追い詰められて「経済的な心配」と捉えているようで、自身の介護疲れについてあまり認識できていないようである。

▶2
問題を整理してそれぞれに対処できるよう、道筋をつけるのは支援者の役割である。

▶3
（利用者ではない）自傷と他害についてアセスメントし、記録する。

▶4
訪問日程を具体的にする。

▶5
妻への間接的な支援がどう利用者のケアにつながるかを明記して、フォローする。

8 介護者の負担

KeyPoint 主観的な表現 アセスメント 家族のアセスメント 連携

▶ 元の記録

〇月〇日
　　妻と面談。

S a): できるところまでと思ってやってきました、お父さんはできれ
　　ば家から旅立ちたいと言っていたので。でもお父さんにきつい
　　ことを言ってしまって、そんなこと言わなきゃよかったって後
　　で思うんです。
　　　私ももう限界です。**こういう仕事** b) なのに最後まで看れないな
　　んて情けないです。
　　　娘は先に逝ってしまって、次はお父さんだなんて。でもやって
　　いくしかないですね。

O c): 妻と二人暮らし。元介護職でとても優しい性格。20年前に一人娘
　　が **夫と子供たちを残して** d) がんで亡くなった。当時は本人が「前
　　に進もう」と奥様を励ましていた。
　　　お墓参りの際に転倒し救急受診、神経疾患の可能性を奥様（医療
　　職）が指摘し、後日神経内科で診断。
　　　その後薬の副作用が強く、**妻も夜眠れない状態が続いた。友人**
　　からは十分介護したので良いのでは、と声をかけられたが、本人
　　の思いを胸に続けてきた。しかし最近は腰痛がひどく、本人へ当
　　たってしまう自分に看る限界を感じている。 e)

A ： 若くして一人娘を亡くした後、**夫婦で人生を歩んできた。** f) 本人
　　の生き方に倣ってできるだけ **自分も応えようとされてきたが、も**
　　う限界と匙を投げつつある様子。 g) **自身の職業もあり、** h) **より葛**
　　藤が生じている。 i)

P ： **ねぎらいの言葉をかけながら傾聴。今後療養型病院へ打診を行い、**
　　一緒にお探しする。 j)

▶a
家族からの相談なので、
Sはなし。

▶b
Oで「医療職」とされてい
るが、初出で書かれてい
るほうがわかりやすい。

▶c
誰からの情報か不明瞭。

▶d
本人と妻が面倒を見て
いるのか。そうでなけれ
ば、なぜ記載しているの
か、意図が不明。

▶e
「ご本人（患者）」につい
てOが始まっているが、
途中から「自分（妻）」に
関するOになっている。
用語は使い分けられてい
るが、どれが誰の話か、
わかりづらい。

▶f
抒情的な表現でわかりづ
らい。

▶g, h, i
抒情的な表現。妻のア
セスメントになっている。

▶j
今回の妻への対応と
今後のアクションのつ
ながりがわからない。

記録の実際74　事例と解説　3章

> **修正アドバイス**
>
> 登場人物が多い場合はその書き分けに注意する。
> 家族のアセスメントは、それが本人の支援にどう関係するかわかるように書く。

✔ 修正例

〇月〇日
　妻と面談。

S：なし。1)

O：本人は2) 妻と二人暮らし。元介護職でとても優しい性格。20年前に一人娘ががんで亡くなった。3) 当時は本人が「前に進もう」と妻を励ましていた。お墓参りの際に転倒し救急受診、神経疾患の可能性を妻が指摘し、後日神経内科で診断。その後薬の副作用が強い。4)
妻からの相談。5)「6) できるところまでと思ってやってきました、お父さんはできれば家から旅立ちたいと言っていたので。でもお父さんにきついことを言ってしまって、そんなこと言わなきゃよかったって後で思うんです。私ももう限界です。こういう仕事（医療職）7) なのに最後まで看れないなんて情けないです。娘は先に逝ってしまって、次はお父さんだなんて。でもやっていくしかないですね」と語った。8)
妻は本人の希望から自宅で介護しているが、9) 最近は腰痛がひどく、本人へ当たってしまう自分に看る限界を感じている。10)

A：若くして一人娘を亡くした後、夫婦で暮らしてきた。11) 妻は肉体的・精神的に限界を感じているが、医療職でありながら救えないという葛藤が生じていて、自宅介護継続が困難な様子である。12)

P：ねぎらいの言葉をかけながら傾聴。今後療養型病院へ打診を行い、一緒にお探しし、妻の負担を軽減して本人のケアの改善を図る。13)

▶1
記録の当事者（夫）とは話していないので、Sはなしとする。

▶2
誰についての話か分かるように記載する。

▶3
娘婿と孫に関する記載は削除する。

▶4
本人の話と妻の話を分けるために、いったん区切る。

▶5
妻からの相談と明記する。

▶6
カギカッコを入れて、妻の発言を明確にする。

▶7
「医療職」と初出で書く。

▶8
引用であることを明確に。

▶9, 10
妻の状況をシンプルに記載する。

▶11
シンプルな記載にする。

▶12
妻の状況がどのように本人の支援に影響するか、という視点に変えることで、本人のアセスメントになる。

▶13
今回の情報収集が本人の支援にどうつながるかを明記する。

59

9 -① 家族との面接

KeyPoint 家族の言動　主観的な表現　アセスメント

▶ 元の記録

○月○日

医師との面談後、夫、長男と面談。

S a)：恩返しです。今まで仕事も手伝ってもらって、いろいろ世話になってきましたから（夫）。

　　母は私が一番尊敬する人です。家が大変な時にも留学させてくれて、それが今の仕事につながっています（長男）。

O ：一人暮らし。**もともと体を動かすことが好き、勉強熱心でもあった。** b)夫の仕事を手伝っていた時期があったが、別居してから栄養士として勤めてきた。乳がん手術後は、**○○大学** c)で療養生活について学び、無農薬野菜や魚など産地にこだわって取り寄せる等食事に大変気を遣ってきた。

　　長男はこうした本人の健康的な生活を続けられるよう、**また大好きな孫と過ごせるよう、** d)自宅を建て替えて同居したいとのこと。そのために見積もりを出してもらったり、地域包括や友人に、在宅サービスについて相談してきた。家の取り壊しは来月予定。

　　一方夫は職場が本人宅に近く、仕事も落ち着いてきたため、**夫として介護の役割を担うべきと考えている。** e)知人から体験談を聞いたり、一部の改修案を検討している。

　　父子間のコミュニケーションは少なかった。

▶a
家族からの相談はOに書く。

▶b
この情報が本人のアセスメントや支援にどう関係しているのか不明である。

▶c
固有名詞を出す必要があるか、吟味する。

▶d
情緒的な表現である。

▶e
同居の意思が読み取れない。

記録の実際74　事例と解説　**3章**

> **修正アドバイス**
>
> 家族の個人情報は本人の支援に関係するものを記録する。
> 支援者の主観を押し付けない。

✔ 修正例

〇月〇日

医師との面談後、夫、**長男を交えて**[1]面談。

S[2]：

O：一人暮らし。**もともと活動的で勉強熱心であった。**[3][4] **夫と別居後、**[5]栄養士として勤めてきた。**乳がん手術後は、療養生活について学び、**[6]無農薬野菜や魚など産地にこだわって取り寄せる等食事に大変気を遣ってきた。

退院後について、夫は「恩返しです」、長男は「母は私が一番尊敬する人です。家が大変なときにも留学させてくれて」と述べ、それぞれが同居したいと語った。[7]長男は本人の健康的な生活を続け、**孫と過ごせるよう、**[8]自宅を建て替えて同居したいとのこと。そのために見積もりを出してもらったり、地域包括や友人に在宅サービスについて相談してきた。家の取り壊しは来月予定。

一方夫**は同居して**[9]夫として介護の役割を担うべきと**考えて、**[10]知人から体験談を聞いたり、一部の改修案を検討している。

父子間のコミュニケーションは少なく、**視線も合わなかった。またお互いの発言中、交渉したり調整したりすることはなかった。本人はどちらの提案にも返事せず、うつむいていた。**[11]

▶1
本人以外に夫、息子がいたとわかるように書く。

▶2
Sには本人の発言を書くのでなしと明記。

▶3
生活形態への本人の希望が強い、というアセスメントの根拠として記載する。

▶4
わかりやすく書く。

▶5, 8
シンプルに記載する。

▶6
大学名は不要。

▶7
夫と息子がそれぞれ、感情的に本人に同居を訴えているとわかるように書く。

▶9
同居の意思を明確に。

▶10
夫の背景についてシンプルに記載する。

▶11
コミュニケーションが少なかった様子を具体的に書き、本人の反応も加筆。

9 -② 家族との面接

KeyPoint **家族の言動** 主観的な表現 アセスメント

▶ 元の記録

Ⓐ： 夫、長男とも、本人に対する思いから、それぞれ一緒に暮らした
いと考えている。活動的に準備を始め結果を早く求める長男と、
ゆっくり変わっていこうとする夫。f) 父子間の話し合いでは感情
的になっている。g)

本人も退院後について何かを伝えたい様子であった。h)

Ⓟ： 面談でそれぞれの思い、考えを共有。夫が主介護者となった場合
も、長男のサポートを必要としていることを代弁した。i) 本人が意
思を伝えられることが決め手となるか。j) k)

▶f
情報のサマリーで、父子
のアセスメントではなく、そ
れが本人の支援にどう影
響するかがわかりづらい。

▶g
Oの情報からは読み取れ
ない。

▶h
面接場面には本人がい
たのか、わかりづらい。

▶i
父なのか、本人なのか、
あるいは支援者か、誰の
ニーズを代弁したのかが
不明。

▶j
情緒的な表現。また、疑
問文で終わっていると、
支援者の真意が伝わら
ない。

▶k
これが本人支援にどう
つながるのかがわからな
い。

記録の実際74　事例と解説　**3章**

✔ 修正例

Ａ：夫、長男とも、それぞれ同居して介護したいと考えているが、**父子間で協力調整することはなく、相手の案に同意しない意思が感じられた。本人は二人に意見を言えず、困惑している様子であった。**12）

Ｐ：面談でそれぞれの思い、考えを共有。**本人の希望を尊重し、どちらが主介護者となった場合でも、お互いのサポートがあった方が良いことを確認した。**13）

　　退院後の体制を整えるために、14）次回面談までは SW が間に入り夫・長男には**個別対応し、家族間の調整を図る。**15）

▶12
父子の様子と、その本人への影響をアセスメントして記載する。

▶13
父なのか、本人なのか、あるいは支援者か、誰のニーズを代弁したのかが不明。

▶14
何のために家族支援を行うかを明記する。

▶15
本人の支援にどうつながるかを明記する。

63

10 高齢者の初回面接

KeyPoint 主観的な表現　アセスメント

▶ 元の記録

主観的事実：

　白い猫を心の支えとしている。お金に対して不安を持っている。**短期記憶に障害。**a)

客観的事実：

　ごみの捨て場がわからない。猫の餌やりはできている。**自信過剰なところもある。**b)

今後の対応：c)

　支援体制を増やす。

　お金の置き場所、薬の置き場所を決めておく。

　支援者が情報共有する。

　支援者と信頼関係を構築する。

▶a
本人が自覚しているのであれば主観的事実だが、おそらく自覚がなく支援者の観察による判断なので、客観的事実に具体的な事象を記録し、認知機能については見立てに記載する。

▶b
これは解釈に当たる。本人のどのような言動がそう思わせたか、が客観的事実である。

▶c
本人がなぜ今支援が必要か、という見立てがない。

記録の実際74　事例と解説　**3章**

> **修正アドバイス**
>
> アセスメントの根拠は具体的に記載する。
> 個人的な印象ではなく、専門職としてのアセスメントを記録する。

✔ 修正例

主観的事実：

　白い猫を心の支えとしている。お金に対して不安を持っている。**猫の世話や自分のことも、すべて自分一人でできると語った。**[1]

客観的事実：

　ごみの捨て場がわからない。猫の餌やりはできている。

見立て：[2]

　ゴミ捨て場がわからなくなるなど、短期記憶に障害がある様子である。[3]**にもかかわらず、日常生活は自分でできると語るところから、危機感が薄く、今のままでは日常生活に支障をきたすと思われる。**[4]

今後の対応：

　本人の生活をフォローするために[5]

　支援体制を増やす。

　お金の置き場所、薬の置き場所を決めておく。

　支援者が情報共有する。

　支援者と信頼関係を構築する。

▶1
アセスメントの根拠となる情報を明記する。

▶2
見立てを別途明記し、今なぜ本人が支援を必要としているかをまとめる。

▶3
客観的事実に基づいた判断を明記する。

▶4
自信過剰が問題、ではなく、リスクが認識できていないことが問題で、現状のままでは状態が悪化する、ということが見立てである。

▶5
以下の手段が何のためかを明記する。

11 認知症患者のアセスメント

KeyPoint 主観的な表現　リスクアセスメント　対応が不明

▶ 元の記録

S：「お金もなく、食べ物もなく困った」「もう死のうかと思った」と
訪問するとすぐ話された。

O：・目の前におにぎりが置いてあるのに、食べ物がないと話される。
・お金を受け取ったことも、置いた場所もすぐ忘れ、訪問中に
　3、4回一緒に探した。
・貯水池がゴミ捨て場だと主張してそこに捨て、さらに貯水池
　が市役所とつながっていると思い込んでいる。a)
・お金がないことを誰から聞いたのか、と発言があった。

A：・短期記憶障害が強く、直前のことも忘れてしまう。
・目の前にあるものを、きちんと認識できていない可能性がある。b)
・思い込みが強く、社会のルールが守られていない。c)
・独居であり、自分の安全性が守られてないことも考えられる。d)
・被害妄想 と思われる報告もある。e)

P f)：1）介護サービス利用状況を家族、ケアマネと検討する（生活全
　　　般、服薬）。
2）金銭管理の見直し。
3）安心できるコミュニケーション。
4）ご本人の過ごしたい場所を尊重する。

▶a
妄想ありきの表現である。

▶b, c
これは情報のサマリーなので、背景にどんな原因がありえるかのアセスメントが必要。

▶d
冒頭で自殺念慮が語られていることに対してのアセスメントなのか、そうであればそれがはっきりわかるような書き方を工夫する。

▶e
その根拠を具体的に記録する。

▶f
アセスメントで挙げたさまざまな課題に対して、支援プランが応えていない。

記録の実際74　事例と解説　**3章**

修正アドバイス

自傷の恐れがある場合は聞きっぱなしにしない。
アセスメントに基づいたプランを策定するように注意する。

✔ 修正例

S：「お金もなく、食べ物もなく困った」「もう死のうかと思った」と訪問
するとすぐ話された。貯水池がゴミ捨て場だと主張してそこに捨て、
さらに貯水池が市役所とつながっていると繰り返し話す。こちらが
「そんなことあるんですか？」と聞くと「そうだ」と譲らなかった。[1]「お
金がないことを誰から聞いたのか、人の話ばっかりしやがって」[2]と
発言があった。

O：・目の前におにぎりが置いてあるのに、食べ物がないと話される。
　　・お金を受け取ったことも、置いた場所もすぐ忘れ、訪問中に3、4
　　　回一緒に探した。
　　・飲んでいない薬が大量にあった。[3]

A：・短期記憶障害が強く、直前のことも忘れてしまう。
　　・目の前にあるものを、きちんと認識できていないようで、認知機能
　　　の障害や視力障害の可能性がある。[4]
　　・思い込みが強く、社会のルールが守らないことから、近隣とトラブ
　　　ルになったり、周りの支援が受けられなかったりしている。[5]
　　・独居であり、食事や服薬の管理ができていないことが考えられる。
　　　死のうと思ったと発言しているが、見守る体制がない。[6]

P[7]：本人の体調を安定させ、安全に生活が続けられるようにするために、[8]
　　1）介護サービス利用状況を家族、ケアマネと検討する（生活全般、
　　　　服薬）。
　　2）金銭管理の見直し。
　　3）適切な医療を受け、コミュニケーションしやすい環境を整えて
　　　　本人の過ごしたい場所を尊重する。[9]
　　4）自殺念慮について継続的にモニタリングし、支援者間で共有す
　　　　る。[10]

▶1，2
妄想と判断するために、
本人の思い込みが強固で
あった例を挙げる。

▶3
服薬管理をプランに入れ
るのであれば、その根拠と
なった情報を記載する。

▶4
アセスメントとして、背景に
ありえる原因を挙げる。

▶5
サマリーするだけでなく、そ
れによってどんな困りごと
に至っているかをアセスメ
ントとして挙げる。

▶6
「安全性」を具体的に書
き、自殺リスクについて明
記する。

▶7
アセスメントで挙げたさまざ
まな課題への対応を支援
プランに入れる。

▶8
何のための支援か、目標を
明記する。

▶9
精神症状による困難さへ
の対応を明記する。

▶10
自殺リスクについて、気づ
きっぱなしにせず、アクショ
ンプランを記載する。

67

12 障害児の療育

KeyPoint 家族の言動　アセスメント　家族のアセスメント

▶ 元の記録

$\boxed{\text{S}}$：52歳主婦の相談。特別支援学校に通う高校1年16歳次男の対応に
困っている。a)駐車場の車が全部出るまで交差点で5時間待ってい
たり、学校で掲示係になって家のクーラーや剥がしてはいけないも
のまで剥がしてしまう。薬も水をたくさん飲み、きちんと飲めてい
るかわからない。夫もb)次男に対して「殺してやりたい」と言っ
ていた。

$\boxed{\text{O}}$：次男が自閉症で療養手帳A判定。170cm、80kgある。通院は月に1
回している。ヘルパーが週1回来ている。相談者は、最初は戸惑って
いたが、落ち着いた口調で質問に答えていた。家族は夫、長男（高
3）、長女（小3）。

$\boxed{\text{A}}$：母が次男への効果的なかかわり方がわからず、困っている。家族が
資源として機能していない。c)社会的サポートも不足している。d)

$\boxed{\text{P}}$：・次男への対応の仕方を伝える。
　・環境を構造化する。
　・掲示物を減らす、スケジュールを作る、剥がしてはいけないもの
　　にマークする、回数・時間の制限など。
　・適切なかかわりを支援する機関を紹介する。
　・例：児童相談所、知的障害者の施設など。

▶ a
支援対象者が息子な
のか母なのかわかりづら
い。

▶ b
夫（次男からは父）以外
にも「殺してやりたい」と
言っている者がいたよう
に読める。

▶ c
息子の見立てになって
いない。家族のアセスメ
ントである。

▶ d
情報のまとめで、それがど
う本人に影響しているか
（アセスメント）がわから
ない。

記録の実際74　事例と解説　**3章**

> **修正アドバイス**
>
> 家族の相談は、そのアセスメントが本人の支援にどう関係するかわかるように書く。
> 他害の恐れについての記録は誰のことかわかるように書く。

✔ **修正例**

S1)：　（対象者の母からの相談のためなし）

O2)：対象者の母からの相談 。特別支援学校に通う高校1年16歳。自閉症で療養手帳A判定。170㎝、80㎏ある。通院は月に1回、ヘルパーが週1回来ている。交差点で5時間待っていたり、学校で掲示係になって家の剥がしてはいけないものまで剥がしたりしてしまう。薬も水をたくさん飲み、きちんと飲めているかわからない、**とのこと**。

　　母は本人への対応に困っている。3) 父は4)本人5)に対して「殺してやりたい」と言っていた。

　　母は、最初は戸惑っていたが、落ち着いた口調で質問に答えていた。家族は夫、母（52歳主婦）、6)兄（高3）、妹（小3）。7)

A8)：同じ行動を極端に繰り返す、服薬が確認できないなどの本人の問題行動が適切に対処されておらず、家族が疲弊している。特に父は「殺してやりたい」と語るほど追い込まれている様子で、母もそれを受けてさらに困っていると思われる。

P：　本人の問題行動を減らし、周囲への影響を最小限にする。9)
　・主治医と連携し、服薬や治療状況について確認し、改善を検討する。10)
　・児童相談所、知的障害者施設など適切なかかわりを支援する機関を紹介する。
　・家族に障害への効果的な対応を伝える。
　・環境を構造化する。
　・家族に心理的支援を提供し、本人へのケアが継続できるよう図る。
　・支援機関を紹介し、家族の相談の場を設ける。11)
　・親の会など資源を紹介する。

▶1
支援主体は息子で、母は家族支援である、とわかるようにSは割愛する。

▶2
O全体を、本人に関する母からの情報と、本人以外の情報に整理する。

▶3
面相談の焦点が息子であると明記する。

▶4
支援対象者の父（相談者の夫）の発言であると明記。

▶5, 7
関係性が明確になるよう記載を統一する。

▶6
母の情報はまとめる。

▶8
支援の主体は本人なので、本人の問題が表出していることが家族に影響している、という因果関係を明確にする。

▶9
支援対象者を明確にし、本人に対する計画であるとわかるように構成する。

▶10
治療状況についても確認が必要と思われる。

▶11
父の発言、母の憔悴ぶりに対して、手当てを明記し、それが本人のケアにつながることを記載する。

69

13 −① 介護者による暴力の疑い

KeyPoint **家族の言動** リスクアセスメント 連携

▶ 元の記録

夫と面談

S： あのときは悔しい思いをしました。これまで結構楽しくやっていたんですよ。本当は連れて帰ってやりたいんですが、今の状態ではとても。痰もあって。a)

O： 夫と二人暮らし。職歴は看護師。50代後半になって手の指が拘縮するなどの症状が出現、パーキンソン病の診断を受けた。退職したが治療効果が現れ、日常生活は問題なく送れた。しかし1年前からA病院への通院が難しくなり、希望で自宅近くのB病院に転院。今年○月に薬を変更された矢先に動けなくなり、その後薬を戻してもらったが以降要介護状態になった。b) 朝夕ヘルパーに清潔ケア、車椅子移乗、食事介助をお願いした。

　　△月×日、長男が心筋梗塞 c) で入院したため、その看病も必要になって、本人は老健ショートを経て C病院に入院、そこで雑誌で叩こうとした d) ところ暴力と捉えられ、翌日即退院。疲れきっているご主人 e) からの相談を受けて、ケアマネが入院調整を行い現在に至る。当日朝は病院食を召し上がった。

▶a
家族の談なので、Oに入れる方がわかりやすいか、検討する。

▶b
薬事性の機能障害と断定しているように読めるが、そうなのか、医療情報の裏付けはあるのか。夫の弁であれば、わかるように記載する。

▶c
第三者の個人情報について、記載が必要か検討する。

▶d
そのとおりであれば暴力と判断されるであろう。申告があれば正確に記録する。

▶e
支援者の過度に同情的な表現である。

記録の実際74　事例と解説　**3章**

> **修正アドバイス**
>
> 暴力について、できるだけシンプルかつ具体的に事実関係を記録する。
> 情緒的な表現にならないよう注意する。

✔ 修正例

夫と面談

S [1]：（家族との面談のためなし）

O：　夫と二人暮らし。職歴は看護師。50代後半にパーキンソン病の診断を受けた。退職したが治療効果が現れ、日常生活は問題なく送れた。しかし1年前から A 病院への通院が難しくなり、希望で自宅近くの B 病院に転院。今年○月に「**薬を変更された矢先に動けなくなり、その後薬を戻してもらったが**」[2] 以降要介護状態になった。朝夕ヘルパーに清潔ケア、車椅子移乗、食事介助をお願いした。

　　△月×日、長男が入院したため、その看病も必要になって、本人は老健ショートを経て C 病院に入院、そこで雑誌で**虫を叩こうとしたところ**[3] 暴力と捉えられ、翌日即退院。**夫**[4] からの相談を受けて、ケアマネが入院調整を行い現在に至る。当日朝は病院食を召し上がった。

　　夫は、「**あのときは悔しい思いをしました。これまで結構楽しくやっていたんですよ。本当は連れて帰ってやりたいんですが、今の状態ではとても。痰もあって。**」と語った。[5]

▶1
支援主体は妻で、夫の相談は家族からの相談、とわかるように、Sは割愛する。

▶2
因果関係は不明だが夫がそう理解している、とわかるような記載にする。

▶3
暴力ではなかった、と主張するのであれば、その根拠を明記する。

▶4
シンプルな表現にとどめる。

▶5
家族の談なので、「」に入れる。

13 -② 介護者による暴力の疑い

KeyPoint **家族の言動** リスクアセスメント　連携

▶ 元の記録

Ⓐ： 夫婦関係良く在宅看護を続けてきたご主人だが、**身体状況** f) と
ご長男のケア、ご主人の年齢等からやむを得ず療養型病院を**選択
している。**g) **疲労感が強い様子で、いったん休息が必要。**h) その
後病状の回復状況等によって、**気持ちの変化が生じる可能性はあ
る。**i)

Ⓟ： 医療療養型病院へ打診を行う（**今後の栄養管理の方法について医師
に相談する** j)）。

・ 病院見学をする中で、療養先を選定する。k)

▶f
誰の身体状況のことか、
わかりづらい。

▶g
本人ではなく家族のアセ
スメントになっている。

▶h
休息が必要なのは本人
か夫か、わかりづらい。

▶i
本人か夫か、誰の気持
ちについてのコメントか
が不明。また、どう変化す
ることを想定しているの
か、それがどう支援計画
に影響するのかがわから
ない。

▶j
なぜ栄養管理の相談が
必要と思ったか、説明が
不十分である。

▶k
ここまで夫の疲労感が
クローズアップされてい
るので、それへの手当て
と本人の支援の関連
性を明確にした方がわ
かりやすい。

記録の実際74　事例と解説　**3章**

✔ 修正例

Ａ6）：長らく在宅で治療を続けてきたが、本人の病状の変化（喀痰、嚥下困難等）のため継続が困難である。また夫は現状では家族のケアや自身の疲労から介護が難しい。本人と夫の関係は良好で、夫はできれば自宅で介護したい様子である。

Ｐ：・病状変化に伴い、適切な療養先を選定する。

　　・今後の栄養管理の方法について医師に相談し、医療療養型病院へ打診を行う。7）

　　・夫を支援し、自宅介護について継続的に検討する。8）

▶6
本人中心のアセスメントにする。

▶7
医師と役割分担を明確にする。

▶8
夫を支援することが本人のケアの質の向上につながることを明記する。

73

14 家族との電話

KeyPoint 連携 話者が不明 具体的でない

▶ 元の記録

〇月〇日

妻とのやりとり。

　電話で在宅の状況を確認する。昨夜は帰宅して安心したのか a)、ぐっすり寝込んでいた様子であった。来週からのデイサービスには、土曜日下見に長女が連れて行ってくれるので、パンフレットを見せて心の準備をしている b)という。デイケアは様子を見てから開始したいと、1週間見送っても良いかとの相談があったので、疲れるようなら様子を見て開始を調整することは否定しなかった。c)また変更なら報告してほしいことを伝えておいた。d)訪問看護、訪問介護たくさんの人が入る e)のでストレスにならないか妻は心配しており f)、これも状況次第で開始しましょう g)と話しておいた。h)

▶a
誰の見解かが不明。

▶b
本人、あるいは妻の表現を生かすのであれば、カギカッコに入れる。

▶c
実際どういう意見だったのかがわかりづらい。デイケア開始を遅らせる決定権がケアマネにあるように読める。

▶d
表現が冗長である。

▶e
助詞がないのでつながりがわかりづらい。

▶f
誰がそう考えているのか、全体の流れからはわかりづらい。

▶g
ケアマネが決定者であるように読める。

▶h
表現が冗長である。

記録の実際74　事例と解説　**3章**

修正アドバイス

支援方針を誰が決定するべきかに留意して記録する。

✔ 修正例

〇月〇日

妻とのやりとり。

　電話で在宅の状況を確認する。**妻より、**[1]昨夜は帰宅して安心したのか、ぐっすり寝込んでいた様子であった、**と報告があった。**[2]来週からのデイサービスには、土曜日下見に長女が連れて行ってくれるので、**本人に**[3]パンフレットを見せて**「心の準備」**[4]をさせているとのことだった。[5]デイケアは様子を見てから開始したいと、1週間見送っても良いかとの相談があったので、疲れるようなら様子を見て**開始時期は調整可能と伝えた。**[6]また変更なら報告してほしい**と伝えた。**[7]訪問看護、訪問介護**などが始まると**[8]たくさんの人が入るので**本人の**[9]ストレスにならないか妻は心配し**ているため**[10]、これも状況次第で**調整しましょう**[11]**と伝えた。**[12]

▶1
話者を明確にする。

▶2
妻の意見であることを明確にする。

▶3
誰についての話かを明確にする。

▶4
引用なので、カギカッコに入れる。

▶5
話者を明確にする。

▶6, 7
わかりやすい表現に変える。

▶8
言葉を補ってわかりやすくする。

▶9
本人に関する話であると明記する。

▶10
文章のつながりをわかりやすくする。

▶11
ケアマネは調整役であることを明記する。

▶12
表現をシンプルにする。

75

15−❶ サービス担当者会議のまとめ

KeyPoint 話者が不明 アセスメント 連携 具体的でない

▶ 元の記録

サービス担当者会議のまとめ（要点）

検討した項目

1) 本人の<u>生活の経過と現在の身体状況など</u> a)を説明。

2) 居宅サービス計画書の原案、趣旨の説明、検討。

検討内容（意見等）

1) 本人に、<u>現在の生活について、サービス利用の意向確認</u> b)（サービスが初めてなので<u>心配</u> c)）。

2) 家族の希望、意見（デイサービスにうまく、参加できるか心配。迷惑をかけてしまわないかと）。

3) 病状や精神的な<u>状況</u> d)など、主治医の意見、治療の経過の説明

4) <u>目標</u> e)についての<u>合意</u> f)。

　補足 g)：息子の顔を忘れてしまい、「お客様」だと思ってしまう。夕方、息子の顔を見ると「自分の家ではない」と勘違いしてしまい、「帰ります」と言う。徘徊だが、<u>理由を把握する必要がある。</u>h)

▶a
会議で話し合われた内容と合わない。

▶b
文章のつながりがわかりにくい。

▶c
誰が心配しているのかわからない。

▶d
医師の意見であれば、状態または病態のほうが良い。

▶e
何の目標か、目標が何だったのか不明。

▶f
支援者側が提示した目標に本人が同意しただけのように読める。

▶g
何についての補足かわからない。

▶h
なぜ理由を把握する必要があるか、わからない。

記録の実際74　事例と解説　3章

> **修正アドバイス**
>
> 登場人物が多い場合はその書き分けに注意する。
> 課題と目標、方針がつながるとわかるように書く。

✔ 修正例

サービス担当者会議のまとめ（要点）

検討した項目

1）　本人の生活の経過と現在の身体状況などを説明。**サービス利用開始にあたっての課題を検討。**1)

2）　居宅サービス計画書の原案、趣旨の説明、検討。

検討内容（意見等）

1）　本人に、現在の生活について**聞き取りし、**2) サービス利用の意向確認（サービスが初めてなので**心配だとのこと**3)）。

2）　家族の希望、意見（デイサービスにうまく、参加できるか心配。迷惑をかけてしまわないかと）。**息子の顔を忘れてしまい、夕方、息子の顔を見ると「自分の家ではない」と勘違いしてしまい、「帰ります」と言うとのこと。**4)徘徊にも理由があるらしい、とのこと。5)

3）　病状や精神的な**状態**6) など、主治医の意見、治療の経過の説明

4）　**デイサービス利用と自宅での生活上の目標**7) についての**確認。**8)

▶1
会議で話し合われた内容に合わせて記述する。

▶2
文章のつながりがわかるように記載を工夫する。

▶3
本人が話者であるとわかるような書きぶりにする。

▶4
家族からの情報としてまとめる。重複部分は削除する。

▶5
家族からの懸念であるとわかるような書きぶりにする。

▶6
医師の意見であれば、状態または病態のほうが良い。

▶7
何の目標かを明確にする。

▶8
会議があくまで話し合いの場であることを示す。

77

15−② サービス担当者会議のまとめ

KeyPoint **話者が不明** アセスメント 連携 具体的でない

▶ 元の記録

合意した内容

1）本人にサービスに**早くなじんでいただくために、**[i]スタッフの声かけや配慮を行う。

2）出来る家事動作やレクには、**無理強いせず**[j]、少しずつ参加していただく。

3）**初めてのサービス利用で、本人が疲れてしまうこともあるので、様子を確認し、事業所、家族、介護支援専門員とが情報交換を密に行うことが大切。**[k]

次回検討事項（残された課題）[l]

1）**精神面については、本人を目の前にお話しできることが限られている**[m]ので、本人がデイサービスのときに、スタッフや家族、主治医などで情報交換や担当者会議を**行っても良い。**[n]次回の担当者会議の開催方法や内容を**検討。**[o]本人の様子の変化やプラン変更の必要があるときは、早めに開催し、支援の方法を**検討します。**[p]

▶ i
早くなじむためだけにスタッフが声かけするように読める。目的として不適当。

▶ j
なぜ敢えて触れているのか、意図が不明。スタッフが無理を強いたことがあったのか。

▶ k
留意点、対応策とも、具体的でない。

▶ l
検討内容で出たテーマについて、この会議内で解決できなかった点が含まれていない。

▶ m
冗長な言い回しである。本人をないがしろにしているように読める。

▶ n
意見なのか、実際の今後のプランなのか不明。

▶ o
次回の会議の中で、次回以降の進め方を検討する、と言っているのか。意図がわからない。

▶ p
この部分だけ訴える相手が違うように読める。

✔ 修正例

合意した内容

1） 本人が初めてのサービスにスムーズになじめるよう、9） スタッフが声かけや配慮を行う。

2） できる家事動作やレクには、**本人のペースを尊重し、**10）少しずつ参加していただく。

3） 慣れない11） サービス利用で、本人が疲れてしまうこともあるので、事業所、家族、介護支援専門員とが**体調や行動の変化に注意して情報交換を密に行い、必要に応じて調整を検討する。**12）

次回検討事項（残された課題）13）

1） **本人の体調を踏まえ、**14）必要に応じて、スタッフや家族、主治医などで情報交換を**行う。**15）次回以降、本人の様子の変化やプラン変更の必要があるときは、会議を早めに開催し、支援の方法を**検討する。**16）

2） **息子の顔がわからず出かけてしまうことについて、資源を活用した見守りを継続的に検討する。**17）

▶9
誤解のない言い回しを工夫する。

▶10
同上。支援者の意図が適正に伝わるような書きぶりにする。

▶11
環境が変化することが問題である、と伝わる書きぶりにする。

▶12
留意点、対策を具体的に書く。

▶13
検討内容で出たテーマについて、この会議内で解決できなかった点を明記する。

▶14
本人に配慮した言い回しを工夫する。

▶15
実際の今後のプランを明記する。

▶16
全体と文章のトーンをそろえる。

▶17
会議で結論に至らなかった点は、継続案件として明記する。

16 認知症患者の初回訪問

KeyPoint 文章が中断 対応が不明 話者が不明 具体的でない

▶ 元の記録

○月○日　初回訪問、アセスメント
本人、長男嫁と面接

　認知症が3年前からあり、トイレの場所などがわからなくなり、認知症の症状が出始めていた。a) 最近では夕方になると「家に帰る」と言い、自宅を出て行ってしまうことがある。長男夫婦で介護を行ってきたが、最近は目が離せなくなり、介護サービスを利用したい。b)

　本人は「家の仕事が忙しいよ。でもたまには遊びたいかな」c) と。デイサービスの話を聞いているので、利用したい、検討してほしいと。d)「ただ、母が周りの人に迷惑をかけないか心配」と。認知症対応か。e)

- ・ 介護保険制度の説明
- ・ 本人の基本情報の聞き取り
- ・ アセスメント（別紙参照）
- ・ 事業所の説明、契約の説明と捺印。

▶a
言い回しが冗長。

▶b
誰が利用を希望しているのかわかりにくい。

▶c
本人の発言を記録することで、何が言いたかったのかわからない。対応への関連性がわかりにくい。

▶d
誰の依頼か、わかりにくい。

▶e
文章が途中で切れているのか、見立てなのか、わからない。意図が不明。

記録の実際74　事例と解説　3章

修正アドバイス

文章は完結させるように書く。
登場人物が多い場合はその書き分けに注意する。

✔ 修正例

〇月〇日　初回訪問、アセスメント

本人、長男嫁と面接

　認知症が3年前からあり、トイレの場所などがわからなくなるなど、症状が出始めていた。[1]最近では夕方になると「家に帰る」と言い、自宅を出て行ってしまうことがある。長男夫婦で介護を行ってきたが、最近は目が離せなくなり、介護サービスを利用したい。「ただ、母が周りの人に迷惑をかけないか心配」とのことだった。[2]

　本人は「家の仕事が忙しいよ。でもたまには遊びたいかな」と、デイサービスの話を聞いているので、利用したい、検討してほしいと語った。[3]

　認知症対応デイサービスが適当と思われた。[4]

・　介護保険制度の説明
・　本人の基本情報の聞き取り
・　アセスメント（別紙参照）
・　事業所の説明、契約の説明と捺印。

▶1
言い回しをシンプルにする。

▶2
長男夫婦の希望だとわかるように書き、発言をまとめる。

▶3
本人も賛同しているとわかるように書く。

▶4
見立てであるとわかる言い回しにする。

17 施設内の他の利用者との関係

KeyPoint 第三者に関する表記　主観的な表現　記号

▶ 元の記録

〇月〇日

情報提供

　経過・状態等：最近、元気がない。a)フロントに立ち寄ること多く事務スタッフの傾聴機会が増えている。b)「しんどい。Bさん c)にはかなわんわ。」と隣室者の話し相手に持て余し気味 d)の様子あり。

　判断および対応：ストレスが過食や血圧 e)等に影響してるのではないか？ f)隣室者Bさん（認知症入居者）g)の件、面接等の折に上記につきご確認ください。h)

▶a
具体的でない。本人の言なのか、支援者の観察なのか、関係者からの伝聞なのか、不明。

▶b
元気がないという記載と、発話が増えているという記載が、どう結びつくのかわかりづらい。

▶c
第三者について実名で記載する必要があるか、検討が必要である。

▶d
記録にふさわしい表現の工夫が必要である。

▶e
どこからこういった課題が出たのか、根拠が不明である。

▶f
疑問文で終わるのではなく、支援者の見立てとして文章を完結させる。

▶g
第三者、特に別の利用者の病態について記載することが妥当か、検討が必要である。

▶h
誰に何を依頼しているのか、具体的でなくわかりづらい。

記録の実際74　事例と解説　3章

> **修正アドバイス**
>
> 第三者について記録する場合、それが本人の支援に必要な情報か吟味する。
> 文章は中断させずに完結させる。

✔ 修正例

〇月〇日

情報提供

　経過・状態等：最近、フロントに立ち寄ること多く事務スタッフの傾聴機会が増えている様子である。[1]隣室者の話し相手で疲労している[2]ようで、表情が暗い[3]

　判断および対応：対人[4]ストレスが大きいと思われる。[5]隣室者Bさんの本人に対する言動について[6]、面接等の折に情報収集するよう他スタッフに依頼した。[7]

▶1
伝聞ではなく支援者の観察によるとわかるような書きぶりにする。

▶2
記録にふさわしい表現にする。必要なければ本人の言は削除する。

▶3
「元気がない」よりも、行動面の変化を記録する。

▶4
原因を明確にする。

▶5
支援者の見立てとして文章を完結させる。

▶6
第三者の病態に関して削除、課題を明確に書く。

▶7
記録だけでなく口頭で他スタッフに依頼し、それを記録に残す。

83

18 不安な家族との面接

KeyPoint 家族のアセスメント 主観的な表現 家族の言動

▶ 元の記録

S a)：妻「急にこんなことになってしまって、これからどうしたら良い
かわからない。」

長女：「家のローンや学費のことがあるので母に負担がいかな
いか心配です。父が倒れてから母が暗くなってしまった。」

O： 46歳男性会社員、40歳専業主婦の妻、20歳大学2年生の長女（自
宅より通学）の3人暮らし。他の家族は県内の他市に在住。2階建
て一戸建てに在住。

面接中うつ向いていることが多く、SWの質問に返答あるが声
が小さく語尾は消え入りそうである。b)c)

A： 結婚し20年間大きな課題もなく生活してきたため、今回の受傷
がこの家族にとって一大事 d)である。e) 妻の様子から心理的な支
援を要する。f)長女より経済的不安の表出あり、介入が必要。g)

▶a
患者は夫／父なので、S
に家族の言を書くのが
妥当か検討を要する。ま
た誰との面接かわかりづ
らい。

▶b
情緒的な表現である。

▶c
誰の様子なのか、わかり
づらい。

▶d
表現が情緒的である。

▶e
一大事であることが問題
なのか、アセスメントの再
考が必要である。

▶f
家族に関するアセスメン
トと支援計画である。

▶g
家族に関するアセスメン
トと支援計画である。

記録の実際74　事例と解説　**3章**

> **修正アドバイス**
>
> 家族のアセスメントは、それが本人の支援にどう関係するかわかるように書く。
> 登場人物が多い場合はその書き分けに注意する。

✔ 修正例

S： **なし。**[1]

O： **妻と長女からの相談。**[2] 46歳男性会社員、40歳専業主婦の妻、20歳大学2年生の長女（自宅より通学）の3人暮らし。他の家族は県内の他市に在住。2階建て一戸建てに在住。**本人の病態について現時点では情報未収集。**[3]

　　　妻「急にこんなことになってしまって、これからどうしたら良いかわからない。」

　　　長女：「家のローンや学費のことがあるので母に負担がいかないか心配です。父が倒れてから母が暗くなってしまった。」

　　　妻は[4] 面接中うつ向いていることが多く、SWの質問に返答あるが声が小さく**語尾は聞き取れなかった。**[5]

A： 結婚し20年間大きな課題もなく生活してきたため、今回の受傷の**ような出来事を乗り越えた経験がなく**[6]、**家族、特に妻は不安で十分に機能していない様子である。また経済的困難が予想される。**[7] **本人の病態については予後が不明である。**[8]

P[9]：本人の回復を促すために、

　　　1）病態について情報収集し、支援を提供する。

　　　2）家族（特に妻）を心理的に支援し、経済的資源について情報提供する

▶1
記録は患者自身に関するものだとわかるように記載する。

▶2
本人への支援とのかかわりがわかるように記載する。

▶3
本人の情報がないのであれば、その旨記載する。

▶4
誰の様子なのか、わかるように書く。

▶5
シンプルな表現に変える。

▶6
家族にコーピングスキルがないことが問題であると明記する。

▶7
本人のケアにどう影響するか、という視点で家族をアセスメントする。

▶8
本人のアセスメントが現時点でできないのであれば、その旨明記する。

▶9
本人の回復という全体像を示したうえで、各介入について記載する。

19 経済的な不安

KeyPoint 家族のアセスメント　対応が不明　家族の言動

▶ 元の記録

[S]a)：妻：「住宅ローンのことがあり、急なことでこれからどうして良いかわからない」

息子：「母が心配です」

[O]：リハビリ病院への転院については、妻、息子の同意を得ている。

1週間前に脳出血発症。転院目的で主治医より依頼があり介入。

妻は質問に対し息子のほうを見る。b)

[A]：家族の不安に対して経済的支援が必要。c) 社会復帰に対しては d) 転院支援を進めていく。e)

[P]：1）職場への復帰を支援する 。f)

2）リハビリ転院を進めていく。

3）傷病手当金や高額療養費の限度額認定について情報提供する。g)

▶a
患者は夫/父なので、Sに家族の言を書くのが妥当か検討を要する。また誰との面接かわかりづらい。

▶b
何を伝えたくてこの記載があるのかわからない。

▶c
これは支援計画である。

▶d
S、Oでは触れていない。なぜこのアセスメントに至ったか根拠が不明である。

▶e
これは支援計画である。

▶f
なぜこの介入が必要と思ったのか、S、Oに根拠の記載がない。

▶g
家族の不安への介入がない。経済的な情報を提供すれば不安が解消すると思っているように読める。

記録の実際74 事例と解説 **3章**

> **修正アドバイス**
>
> 家族にも支援が必要と判断した場合、それにどう対応したかもわかるように書く。
> 支援方針の根拠がわかるように書く。

✔ 修正例

S： なし。[1]

O： リハビリ病院への転院については、妻、息子の同意を得ている。1週間前に脳出血発症。転院目的で主治医より依頼があり介入。**妻と息子と面談した。** [2]　**本人は復職のめどが立っておらず、妻は長らく専業主婦である。**[3]

　　　妻：「住宅ローンのことがあり、急なことでこれからどうして良いかわからない」

　　　息子：「母が心配です」

　　　妻は質問に対し息子のほうを見る。

A： **本人の発症と休職で家族全体が経済的な困難を抱えている。妻は息子を頼りにしている様子で心理的な不安があり、**[4]**本人の看病に十分に当たれるかわからない。**[5]

P[6]：1）リハビリ転院を進め、関係機関と連携する。

　　　2）**家族が本人の資源として機能するよう**[7]、

　　　　　ⅰ）経済問題について傷病手当金や高額療養費の限度額認定について情報提供する。

　　　　　ⅱ）**心理的サポートを提供する。**[8]

▶1
記録は患者自身に関するものだとわかるように記載する。

▶2
誰に対する介入か、明記する。

▶3
経済的な不安の根拠を明記する。

▶4
収集した情報はアセスメントに生かす。

▶5
本人のアセスメントを記載する。家族の状況については、それが本人のケアにどう関連するか、わかるように書きぶりを工夫する。

▶6
現時点で復職支援は時期尚早なので削除する。

▶7
家族への支援と本人のケアがどうつながるか、説明する。

▶8
家族の不安への介入を明記する。

87

20 施設での生活状況

KeyPoint 話者が不明 アセスメント 連携 具体的でない

▶ 元の記録

〇月〇日　情報提供

状態等

　介護職員より報告あり。日中のトイレ誘導について二人対応で行っているが、立位保持動作が以前より困難になっている。

判断および対応

　本人に時折苦痛表情も見られるため [a)]、おむつ交換対応にしてみてはどうか？ [b)]

〇月〇日　面接

状態等

　日中のトイレ誘導に同行。現状を確認。立位保持は、職員に抱えられている状態だが意欲はある。[c)]

判断および対応

　時折失禁あるも、トイレでの排泄が可能。[d)] 立位保持に関しても二人対応であれば数秒であるが立位保持が可能である [e)] ので継続していく。[f)]

▶a
これは判断ではなく本人の状態である。

▶b
誰の意見なのか、共有・報告されたのか、実際に対応に至ったのか不明。

▶c
何に対しての意欲かがわかりづらい。

▶d
これは判断ではなく本人の状態である。

▶e
文章が冗長である。またこれは判断ではなく本人の状態である。

▶f
判断のプロセスが不明である。また経過報告がされたかわからない。

> ### 修正アドバイス
>
> 判断や対応が発生した場合、誰が何をどこまでやったかがわかるように記録する。
> 専門職としての意見が必要な場合はそれを明記する。

✔ 修正例

〇月〇日　情報提供

状態等

　介護職員より報告あり。日中のトイレ誘導について二人対応で行っているが、立位保持動作が以前より困難になっている**とのことだった。**[1] **本人に時折苦痛表情も見られる。**[2]

判断および対応

　おむつ交換対応が必要か、面接して情報収集する [3]

〇月〇日　面接

状態等

　日中のトイレ誘導に同行。現状を確認。職員に抱えられている状態だが、**立位保持の意欲はある。**[4] **時折失禁あるも、トイレでの排泄が可能。**[5] **二人対応であれば数秒であるが立位保持が可能である**[6]

判断および対応

　当面トイレ排泄を継続し、必要に応じて見直す。関係者と情報共有する。[7]

▶1
伝聞情報であることがわかるように書く。

▶2
支援者の観察した本人の状態として書く。

▶3
ケアマネの意見とアクションプランを明記する。

▶4
立位保持に意欲的であるとわかるように書く。

▶5
本人の状態として記載する。

▶6
文章をシンプルにし、状態として記載する。

▶7
対応を明確にする。

21 居宅サービス計画書

KeyPoint 家族のアセスメント　家族の言動　具体的でない

▶ 元の記録

- 生活上の課題

  （妻が）健康を維持しながら介護を継続できるようにしたい。a)

- 長期目標

  妻の健康維持ができ、自由時間が作れる。b)

- 短期目標

  介護の役割分担と妻の介護不安の軽減ができる。c)

- サービス内容

  退院後1週間は訪問看護が毎日訪問し、経管栄養などについて妻の
  サポートを行う。そのうえで妻の負担感について確認し、介護の役
  割交代などの検討、介護などの相談窓口の明示、妻の自由時間を確
  保する。d)

▶a
支援対象者はあくまで本人だが、妻主体の文章になっている。「〜したい」は希望だが課題ではない。

▶b
本人の支援にどうつながるのか、わからない。

▶c
本人の支援にどうつながるのか、わからない。

▶d
冗長でわかりづらい。妻主体のサービス内容になっている。

記録の実際74　事例と解説　**3章**

> **修正アドバイス**
>
> サービスが本人主体で提供されるよう、計画の書きぶりに注意する。
> 記録の表現はシンプルにする。

✔ 修正例

・生活上の課題

　自宅生活を継続するにあたって、妻が介護に肉体的・精神的な負担を感じ
　ている。[1]

・長期目標

　妻の介護負担を減らして、自宅で生活する。[2]

・短期目標

　資源を活用して介護の役割を分担し、妻の介護不安を軽減する。[3]

・サービス内容

　退院後1週間は訪問看護が毎日訪問し、経管栄養などについて妻のサ
　ポートを行い、妻の不安について確認する。

　相談窓口など情報提供し、介護の役割交代などを検討して、妻の負担の
　軽減を図る。[4]

▶1
本人主体の課題にする。

▶2
本人の支援を中心に目標
を立てる。

▶3
本人の支援につながるよ
う、わかりやすい書きぶり
にする。

▶4
シンプルな表現にし、本人
主体の支援にする。

22 家族からの電話へのフォロー

KeyPoint 話者が不明 リスクアセスメント 連携 文章が中断

▶ 元の記録

〇月〇日午前　送電　母、CW、PT

　トイレでの転倒の件で、自宅に電話する。トイレの修繕については**障害福祉、生保へ電話したが** a) 自費で**修理が必要。**b)体重減よりバランスを崩すこと多く、**何度か転倒している。**c)

　区の PT、CW と**自宅訪問、状態確認となる。**d)

　住宅改修ではなく、本人の起立のバランスの安定が必要と言うことで会館で使用している補装具を家（トイレ時）でも**使用してみては…**e) **補装具を作成することになる。**f)

▶a
誰が電話したのかわかりづらい。

▶b
自分の判断なのか、相手に言われたことなのかわからない。

▶c
話者が誰か、転んでいるのが誰か、わかりづらい。

▶d
最初に「送電」となっているが実際は訪問したのか、そうであればわかりづらい。

▶e
誰の提案だったのか不明。

▶f
どのように補装具を作成するのか、手続きや責任者がわからない。

記録の実際74　事例と解説　**3章**

> **修正アドバイス**
>
> サービスの提供場所が複数ある場合は、わかりやすく書く。
> 誰がサービスを提案したのか、どのように実施されるのかがわかるように書く。

✔ 修正例

〇月〇日午前　送電　母、**のち CW、PT と訪問。**[1]

　トイレでの転倒の件で、自宅に電話する。**母によると、**[2]トイレの修繕については障害福祉、生保へ電話したが自費で修理が必要と**言われたとのこと。**[3]**本人は**[4]体重減よりバランスを崩すこと多く、何度か転倒している**とのことだった。**[5]

　区の PT、CW と自宅訪問、状態**確認した。**[6]

　住宅改修ではなく、本人の起立のバランスの安定が必要と**確認した。**[7]会館で使用している補装具を家（トイレ時）でも使用してみてはどうか**検討の結果、**[8]補装具を作成することになり、**CW がフォローすることになった。**[9]

[1]
訪問したことがわかるように明記する。

[2]
話者を明確にし、経緯がわかるようにする。

[3]
母の判断でなく、担当者に言われたこととわかるように書く。

[4,5]
誰についての話かわかるように書く。

[6]
実際に行ったことだとわかるように表現を工夫する。

[7]
訪問した専門職たちの共通の意見とわかるように書く。

[8]
専門職たちと本人・家族で検討したとわかるように書く。

[9]
責任者が誰かを明記する。

23 関係者への不満

KeyPoint 話者が不明 主観的な表現 家族の言動

▶ 元の記録

○月○日　午前　息子より受電

　土日で母親と話をした。ケアマネの交代に関しては仕方ない。^{a)}母親としては CM とコミュニケーションが取れていないと感じている。また自分に話が来なかったことへの不満を述べていた。^{b)}新しいケアマネを選んでいただきたい、できれば士気の高い人をお願いしたい^{c)}と。

　ヘルパーに関しては、日曜日のみ違う人というプランだと、新しいヘルパーが見つかりにくいことを説明したが、今はこのままでいきたい思いが強い^{d)}とのこと。そこを新しいケアマネにも理解していただきたいとのこと。

　今まで自分がはたから見るような関わり方であったが、これからは向き合っていきます^{e)}と話されている。

▶a
誰の意見かわからない。

▶b
話者が不明である。表現に工夫が必要。

▶c
前のケアマネが士気が低かったように読める。具体的でない。

▶d
誰の意見か不明。

▶e
話者がわかりづらい。

記録の実際74　事例と解説　**3章**

> **修正アドバイス**
>
> 発言をそのまま書くよりも、読んでわかりやすい書き方にする。

✔ 修正例

○月○日　午前　息子より受電

　土日で母親と話をした。**以下、母親の意見。**[1]ケアマネの交代に関しては仕方ない。CM とコミュニケーションが取れていないと感じている。また自分に話が来なかったこと**が残念だ。**[2] 新しいケアマネを選んでいただきたい、**コミュニケーションの取りやすい人をお願いしたい**[3]**とのことだった。**[4]

　ヘルパーに関しては、日曜日のみ違う人というプランだと、新しいヘルパーが見つかりにくいことを説明したが、**本人、家族とも**[5]今はこのままでいきたい、そこを新しいケアマネにも理解していただきたいとのこと。

　息子自身、[6]今まで自分がはたから見るような関わり方であったが、これからは向き合っていきますと話されている。

▶1
話者を明確にする。

▶2
表現を工夫した。

▶3
要望を具体的にする。

▶4
息子からの伝聞による母の意見、とわかるように書く。

▶5
誰の要望かわかるように明記する。

▶6
誰が誰のことを話しているかわかるように書く。

95

24 –①
問題を抱える家族、関係者との会議

KeyPoint **話者が不明** アセスメント　家族の言動　関係者の言動

▶ 元の記録

〇月〇日　午後　来所　災害時個別支援計画を目的とする話し合い a)
　〇〇さんの息子さんのお嫁さん b)、PHN、ケアセンター管理者△△
さん、訪問看護××さん、地域包括管理者●●さん、ケアマネ

＜本日の主旨＞
　PHN より、資源の説明と災害時個別支援計画の説明、後日 OT と訪
問し福祉用具について検討することを伝える。

＜お嫁さん c)より現状の確認＞
義父 d)のこと
・ ◆◆ケアマネさんのこと e)を受け止めており f)身体状況について
も把握できている。g)
義母のこと
・ 乳がんや不整脈、先日の心筋梗塞についても把握している。h)また体
力的な衰え、動ける範囲、父親とコミュニケーションを取れないこと
がストレスとなっている様子 i)等についても把握している。j)
・ 経済的なことについて、母親 k)が不安に感じていることはわかって
いるが、具体的な話になると母親が話したがらず進んでいない。l)
・ 今までぜいたくな生活をしてきたが、その水準を急に下げることは
できずにいる状態。m)また、母親はまじめな性格のため、安上がり
に済ませられることもきちんと通している。損をするのは仕方ない
が n)、援助を受けられる仕組みがあるのであれば利用していきた
い。o)
・ もともと、納得できないことに対してはすぐに怒ってしまうところ
があり、ヘルパーへ望むこともハードルが高い。p)

▶ a
うたわれている目的と記録内容が合致しない。

▶ b, c
表現がくだけすぎ。

▶ d
利用者自身なのか、介護者なのかわかりづらい。

▶ e
何のことを指しているかわからない。

▶ f, o
主体が誰か不明。

▶ g, j
誰が何を把握できているのか、わからない。

▶ h
第三者の病名等個人情報は記載不要。

▶ i, l, p
第三者の状況で、本人の支援にどう関係するかわからない。

▶ k
上述義母と同一人物かわかりづらい。

▶ m, n
情緒的な表現。

記録の実際74　事例と解説　**3章**

> **修正アドバイス**
>
> 第三者（家族含む）の個人情報は本人の支援に関係するものを記録する。
> 記録の表現はシンプルにする。

✔ 修正例

○月○日　午後　来所　災害時個別支援計画を説明するとともに支援体制に関する確認のための[1]話し合い

　○○さんの義娘[2]、PHN、ケアセンター管理者△△さん、訪問看護××さん、地域包括管理者●●さん、ケアマネ

＜本日の主旨＞

　PHN より、資源の説明と災害時個別支援計画の説明、後日 OT と訪問し福祉用具について検討すること、支援体制について確認することを伝えた。[3]

＜義娘[4]より現状の確認＞

　○○さん[5]のこと

・ ケアマネ担当変更希望のこと[6]を受け止めている様子。[7]身体状況については家族は[8]把握できている。

・ 義母（妻）は自身の体調不良や体力の衰え、義父（本人）とのコミュニケーションがストレスとなって介護負担が増しているようである。[9]ヘルパーへの期待値が高い。[10]

・ 経済的なことについて、義母（妻）は不安を感じているが、具体的には進んでいない。今までの生活水準を急に下げられずにいる。[11]節約できることも変えずにいるが[12]、援助を受けられる仕組みがあるのであれば利用させたいと考えている。[13]

▶1
支援内容と一致するように目的を記載する。

▶2, 4
記録に適した表現にする。

▶3
面接内容と趣旨を一致させる。

▶5
利用者自身のこととわかるように書く。

▶6
具体的に書く。

▶7, 8
主体を明確にする。

▶9
義母の体調に関する詳細は削除。本人の支援に義母の様子がどう影響するかを書く。

▶10
義母に関する情報は、本人の支援に影響するものに絞る。

▶11
記録に適したシンプルな表現にする。

▶12
端的な表現にする。

▶13
義娘の意向であるとわかるように書く。

24 —② 問題を抱える家族、関係者との会議

KeyPoint **話者が不明** アセスメント 家族の言動 関係者の言動

▶ 元の記録

＜今の課題の説明＞

昨日の勘案調査での聞き取りの内容説明。

制度（介護保険、障害、医療保険の３つの制度を利用）について説明する。

- **母親の救済** q)：**身体的・精神的にストレスを感じているが、介護の現実と離れる時間を作ることも必要。** r)

- 体制を整える：**母親の望んでいる** s)「複数のヘルパーに支えられて安心する」という生活は、支援できるヘルパーを育てて定着させなくてはいけない。現状、ヘルパーの時間が一人で12時間ほど対応しているが、日中8時間を超える長時間のヘルパーはなかなか見つからない。時間の調整やヘルパーの調整を、役割としてケアプランを立てるケアマネに任せ、そこが司令塔となりヘルパーが働きやすい環境づくりが必要。

- ヘルパーを育てる：ヘルパー採用の段取りが**母親の求める水準が高い** t) ことや、◇◇ヘルパーに任せている様子が見受けられるが、時間をかけて育てていかないと厳しい。

お嫁さん u) より、明日母親とも話し合いをしますとのこと。

また休日はできるだけ顔を出すようにして、**母親が外出できるようにしたり** v)、代わりにできることは行っていきますと話されている。

▶q
支援することで救済できるかはわからない。不適切な表現。

▶r
第三者への介入で、それが本人の支援にどうつながるかわからない。

▶s
家族の希望であって、本人の支援や意志にどう関係するかわからない。

▶t
家族の意見ではあるが、本人の見解が不明である。

▶u
記録に適さない表現。

▶v
家族に対する関わりであって、本人にどう関係するかわからない。

記録の実際74　事例と解説　3章

✔ 修正例

＜今の課題の説明＞

昨日の勘案調査での聞き取りの内容説明。

制度（介護保険、障害、医療保険の3つの制度を利用）について説明する。

介護[14]体制を整える：

- 妻の負担を軽減し介護に当たれるようにする：介護から離れる時間を作ることも必要。[15]

- 時間の調整やヘルパーの調整、働きやすい環境づくりをケアマネが担う。ヘルパー採用、育成についてもケアマネが調整する。[16]

義娘[17]より、明日義母（妻）[18]とも話し合いをしますとのこと。また休日はできるだけ顔を出すようにして、義母の介護負担を減らしたい[19]と話された。

▶14
あくまで本人の支援が主眼であることがわかるように書く。

▶15
本人の支援にどうつながるかわかるように書く。記録に適切な表現に変える。

▶16
役割分担、責任の所在を明確にする。

▶17
記録に適した表現にする。

▶18
表現を統一する。

▶19
本人の支援へのつながりを示し、端的に書く。

25 インシデント後の関係者との電話連絡

KeyPoint **主観的な表現** 対応が不明 話者が不明 具体的でない

▶ 元の記録

〇月〇日

午前　××サービス△△氏より受電。

報告。

　先週土曜日サービスに穴をあけてしまうミスがあり。a) 娘と話がし
たいが電話してもつながらず。b)

　何かあれば××へ報告することとした。c)

〇月〇+1日

午前　△△氏より受電。

　娘と連絡が取れず困った…。d)

　こちらからも電話する旨伝える。

▶ a
状況がよくわからない。原因が不明。

▶ b
誰の言か不明。

▶ c
具体的でない。対応が不明である。

▶ d
誰の言か不明。またこの情報を受けて状況をどう判断したかわからない。

記録の実際74 事例と解説 **3章**

> **修正アドバイス**
>
> 関係者からの情報は聞きっぱなしにしない。
> 今後誰が何をどのようにやると決めたのか、わかるように書く。

✔ 修正例

〇月〇日

午前　××サービス△△氏より受電。

報告。

　先週土曜日**サービスなかったが、事前に連絡できなかった。**[1]娘と話が
したいが電話してもつながら**ない、とのことだった。**[2]

　こちらから家族に連絡し、事情が把握できれば[3]××へ報告することと
した。**家族に電話するが、つながらず、留守番電話に伝言を残した。**[4]

〇月〇+1日

午前　△△氏より受電。

　娘と連絡が取れず困っている、との報告だった。[5]

　こちらからも伝言した旨伝えた。[6]**本日再度電話し、つながらなければ
所内で対応を協議する旨伝えた。**[7]

▶1
事情が分かるように記載
する。

▶2
話者がわかるように記載す
る。

▶3
報告を受けっぱなしにしな
い。また対応がわかるよう、
記載する。

▶4
提案に対し実施した内容
を記録する。

▶5
誰の言かわかるように記載
する。

▶6
既に行った対応について
明記する。

▶7
今後の対応について、プラ
ンを連携先と共有し、明記
する。

26 介護疲れの家族

KeyPoint　**主観的な表現**　話者が不明　具体的でない

▶ 元の記録

〇月〇日　訪問看護所長と訪問

　デイからの状況報告から介護者の疲れ等心配であり、ショート等の利用が必要と話しに行く。a)

　介護者：なんともない、疲れていないの繰り返し。

　疲れを感じてしまい、倒れたらお父さんをどうする、長女夫婦に迷惑かけられないと思っていても、迷惑をかけることとなるため b) と繰り返し説得。c)

　今の状態では介護者が倒れご本人をどうしようかと対応ができなくなる d) ことも話をする。

　介護者「わかった。Aセンターが見てくれるのであれば連れていく」と返答あり。B病院から Aセンターと相談するようにとカマかけたが一言も出ず。e)

　今の要介護3の状態ではないので、区分変更の相談もすると説明。

▶a
表現が冗長でわかりづらい。

▶b
話者が誰なのか、わかりづらい。

▶c
説得は支援ではない。

▶d
内容がわかりづらい。

▶e
意図が不明。記録に不適切な表現である。

記録の実際74　事例と解説　3章

> **修正アドバイス**
>
> 記録に適したシンプルな表現を使う。

✔ 修正例

〇月〇日　訪問看護所長と訪問

　デイからの**状況報告で、介護者の疲れ等心配なため、ショート等の利用を検討するよう**[1]話しに行く。

　介護者：なんともない、疲れていないの繰り返し。

　介護者自身が疲れて倒れると、ご本人の介護に対応できなくなる[2]と繰り返し**説明した。**[3]

　介護者「わかった。Ａセンターが見てくれるのであれば連れていく」と返答あり。Ｂ病院からＡセンターと相談するようにと**提案したがそれについては回答がなかった。**[4]

　今の要介護3の状態ではないので、区分変更の相談もすると説明。

▶1
因果関係をわかりやすく書く。

▶2
表現をシンプルにする。

▶3
支援に適した表現に変える。

▶4
記録に適切な表現にし、意図を明確にする。

103

27 介護に苦労する家族との面接

KeyPoint 具体的でない　家族のアセスメント　主観的な表現　話者が不明

▶ 元の記録

〇月〇日

本人：大雪でデイ休み**であるが** a) 部屋で休んでいる。

長女夫婦、妻、ケアマネ4人での状況を把握していただく説明、理解を求める。b)

① 入院で治療：治療後施設入所でなければ糖尿のコントロール入院はない。

② どちらにしても食事コントロールが必要。

等説明、理解を求めながら話し c)、介護者の妻には**食べさせてあげたいと思うことは自分の満足であり、夫に対しては病状が悪くなり結果辛い状況となる** d) **等何度も繰り返し** e) 話をし、今すぐにどの方向に進むのか判断できないので、**食事療法を頑張る。**f) **お父さん** g) に対しては「鬼になる必要がある」とも**話す。**h)

長女夫婦：父親の今後どのような生活をさせてあげたいか。**ずーっとの** i) 施設は考えていない。大学生を二人抱える状況で、**共働きが必要。**j)

妻： k) 施設に入ることは全く考えられない。

▶a
文のつながりが不自然。

▶b, c
表現が冗長でわかりづらい。

▶d
情報開示を想定すると、記録として不適切な表現。

▶e
情報開示を想定すると、記録として不適切な表現。

▶f
話者が途中で変わっていて、非常にわかりづらい。

▶g
妻の発言の引用が混在していて、わかりづらい。

▶h
話者が不明。

▶i
記録に不適切な表現。

▶j
本人の支援にどう関係するのか、わかりづらい。

▶k
妻に関する記述が分散していて、わかりにくい。

記録の実際74　事例と解説　**3章**

> **修正アドバイス**
>
> 登場人物が複数いる場合は、誰の発言かわかりやすく書く。
> 記録に適したシンプルな表現を使う。

✔ 修正例

〇月〇日

本人：大雪でデイ休み**のため**[1] 部屋で休んでいる。

長女夫婦と妻に状況を把握していただくようケアマネより説明、理解を求める。[2]

① 入院で治療：治療後施設入所でなければ糖尿のコントロール入院はない。

② どちらにしても食事コントロールが必要。

妻：[3] **食べさせてあげたいと思う気持ちは共感できるが本人の病状が悪くなると**[4]繰り返し[5]話をしたところ、食事療法を頑張ると語り、[6]「お父さんには鬼になる必要がある」とも**話す。**[7] 施設に入ることは全く考えられない**とのこと** 。[8]

長女夫婦：父親の今後どのような生活をさせてあげたいか。**ずっと施設とは**[9] 考えていない。大学生を二人抱える状況で、**共働きが必要なため、介護を担うのは難しい。**[10]

▶1
つながりをわかりやすくする。

▶2, 5
表現をシンプルにする。

▶3
妻に関する記述をまとめる。

▶4
記録として適切な表現に変える。

▶6, 7
話者がわかるように書く。

▶8
前の文章と伝聞である表記を揃える。

▶9
記録に適切な表現に変える。

▶10
本人の支援にどう関係するのか、明記する。

105

28 施設での関係者への報告

KeyPoint **連携** 対応が不明 記号

▶ 元の記録

〇月〇日　介護職員へ報告

【口腔ケア】

　訪室しケアの声かけ行う。外された義歯は上下ともに歯垢がついている。義歯ブラシ洗浄しながら介護職員に介助磨きしてもらうよう伝える。残存歯には周りに歯垢が多量ついていて歯ぐきから出血あり。ブクブクうがいで洗口繰り返す。右下の冠歯は動揺が著明。氏には、歯が抜けたら入れ歯をかけている歯なので部分入れ歯に歯を足してもらわなければならないこと（歯科受診が必要）を説明。ケア後は義歯を装着してもらう。a) 洗面所はうがいの？ b) 残渣が乾燥してたくさん散らばって付着しており、使用中のタオルは汚れが目立ち、ベッドサイドに腰かけた際の足元には食べ物？ c) が散らばっている。ケアもですが、タオル交換と清掃、してください。d)

▶a
全体を通して、本人の状況と支援者の介入が混在して書かれているのでわかりづらい。

▶b, c
記録に不適切な表記。

▶d
この一文だけ申し送りのようで、誰宛てに記録を書いているのかわからない。

記録の実際74 事例と解説 **3章**

> **修正アドバイス**
>
> 本人の状況とそれに対する介入は、わかりやすく整理して書く。
> 関係者とどのようにフォローしていくのか、わかりやすく書く。

✔ 修正例

○月○日　介護職員へ報告

【口腔ケア】

　訪室しケアの声かけ行う。

　本人の状況：[1] 外された義歯は上下ともに歯垢がついている。残存歯には周りに歯垢が多量ついていて歯ぐきから出血あり。右下の冠歯は動揺が著明。

　対応：[2] 義歯ブラシ洗浄しながら介護職員に介助磨きしてもらうよう伝える。ブクブクうがいで洗口繰り返す。氏には、**右下冠歯は入れ歯をかけている歯なので、抜けたら**[3] 部分入れ歯に歯を足してもらわなければならず、**歯科受診が必要なことを説明。**[4] ケア後は義歯を装着してもらう。

　居室について：[5] 洗面所はうがいと**思われる**[6] 残渣が乾燥してたくさん散らばって付着しており、使用中のタオルは汚れが目立ち、ベッドサイドに腰かけた際の足元には食べ物**と思われるもの**[7] が散らばっている。タオル交換、清掃も**徹底するよう申し送った。**[8]

▶1
本人の状況がどうか、わかるように分けて書く。

▶2
上記に対し、支援者がどう対応したかわかるように書く。

▶3
文章の流れがわかりやすいように書く。

▶4
わかりやすいよう、不要なカッコは使わない。

▶5
わかりやすいよう、項目を立てる。

▶6, 7
記録に適切な表現にし、疑問文にしない。

▶8
記録を申し送りツールにせず、行った支援の実績を残すものとして使う。

107

29 家族の個人情報

KeyPoint　主観的な表現　家族の言動　文章が中断

▶ 元の記録

生活歴

　岩手出身。**牛乳販売** a)**の会社を経営していたが** b)、その後に横浜へ移住する。**病院の役員** c)等を務め定年後も働いていた。多くの部下を持つ社会的地位を築いた方であり、**物事に厳格である一方、他人の面倒見は良い方であったと。** d)家庭は妻、長女との3人暮らし。キーパーソンは長女、次女。本人は徐々に認知症状が進行し、生活の面倒を妻と長女が行っていたが、長女が日中仕事で不在とするため、その間の見守りが妻の主な役割であり、**身体介護力には欠ける。** e)××区に家庭を持つ長女は、××区△△の**市民センター館長** f)であり多忙な生活を送る。次女は**大阪に本社を持つ「日本〇〇株式会社」の横浜営業所長** g)をしている。

▶ a, c
なぜここまで詳しく個人情報を書いているのか、意図が不明。

▶ b
前後の文脈と「が」の使い方が合わない。

▶ d
誰からの情報か、不明。またこれを記録する意図がわからない。

▶ e
誰のことを指しているのかわからない。

▶ f, g
第三者の個人情報について、記載に配慮が必要である。

記録の実際74　事例と解説　3章

> **修正アドバイス**
> 現在の支援に直結しない本人の情報は、記載が適当な内容か吟味する。
> 家族について主観的な表現にならないよう注意する。

✓ 修正例

生活歴

　岩手出身。**会社**[1]を**経営後**[2]、横浜へ移住する。定年後も**働いて、多くの部下を持ち社会的地位を築いた方である。**[3]家庭は妻、長女との3人暮らし。キーパーソンは長女、次女。本人は徐々に認知症状が進行し、生活の面倒を妻と長女が行っていたが、長女が日中仕事で**不在で、妻はその間の見守りにとどまり、身体介護は十分でない。**[4]長女、**次女ともフルタイムで働いており、多忙である。**[5]

▶1, 2, 3
シンプルな表現にする。

▶4
シンプルな表現にし、本人のケアを主体にした文章に書き換える。

▶5
第三者の個人情報について、本人のケアに関わることに限定して記載する。

30 家族からの要望

KeyPoint 家族の言動　アセスメント　話者が不明

▶ 元の記録

サービスの意向 a)

〇月〇日　×××様

　主な介護者である父も要介護1の認定を持ち、**心臓や腰や足が悪く** b）週2回のデイサービスに通っていますが、母のデイサービス・デイケア（週6日）に**行くのを拒否する** c）日があると通えない。**デイサービスへの送り出し** d）のため、ヘルパーさんをお願いしています。私も仕事中にいつ電話があるかと**心配しながら毎日を過ごしているため、仕事で出張等に行くときはショートステイを利用しています。** e）夜間は母への目が届く部屋で休んでいるので体力的に無理がきている。 f)

▶a
「です・ます」と「だ・である」が混在しているが、引用と要約を分けるためなのか、意識していないのか、わからない。

▶b
第三者の個人情報について、詳細は不要。

▶c
主語が不明。

▶d
デイサービスのためだけなのか、デイケアには頼んでいないように読める。

▶e
冗長で文章のつながりがわかりづらい。

▶f
誰についての記載なのか、わかりづらい。

記録の実際74 事例と解説 **3章**

> **修正アドバイス**
>
> 記録に適したシンプルな表現を使う。

✔ 修正例

サービスの意向[1]

〇月〇日　×××様

　主な介護者である父も要介護1の認定を持ち、**週2回のデイサービス**[2]に通っているが、**父が出掛けられないほど母がデイサービス・デイケア（週6日）に行くのを拒否する日がある。**[3]**母の送り出し**[4]のため、ヘルパーさんをお願いしている。**「仕事中にいつ電話があるかと心配しながら毎日を過ごしていて、仕事で出張等に行く時はショートステイを利用しています。夜間は母への目が届く部屋で休んでいるので体力的に無理がきている」とのこと。**[5]

▶1
文体は統一し、引用部分はカッコに入れてわかりやすくする。

▶2
第三者の個人情報は必要最小限にとどめる。

▶3
あくまで利用者本人が主体となるように書く。

▶4
シンプルに、かつ誤解が生じないように書く。

▶5
文章のつながりがわかるようシンプルに、また引用だとわかるように書く。

111

31 本人との電話、訪問

KeyPoint アセスメント　対応が不明　話者が不明　記号

▶ 元の記録

〇月〇日午後　送電

　居宅、就B、短期入所更新、**電話にて聞き取りする。**[a]

・ 生活状況変わりなし。

・ 体調も変わらない。

　現状どおり更新希望。

　モニター、計画案のサインについては、**変わらないのであれば代筆で良いです。**[b] 作業公開日が来週の△日にあるので来てくださいとのこと。**→**[c]　**そのときに控えお渡しすることにする。**[d]

〇月△日午前　訪問

　作業見学の際、**計画決定をお渡しする。**[e]

[a]
それぞれのサービスについてのみ確認したように読める。

[b]
話者がわかりづらい。さも代筆したように読める。

[c]
記号はむやみに使わない。

[d]
本人の希望のみで更新内容を決定しているように読める。

[e]
支援者側のアセスメントが計画に反映されていないように読める。

記録の実際74 事例と解説 **3章**

> **修正アドバイス**
>
> 支援を断片的に見ているのではなく、全体をフォローしているとわかるように書く。
> 記録ではできるだけ記号は使わないようにする。

✔ 修正例

〇月〇日午後　送電

　居宅、就 B、短期入所更新、電話にて利用状況を聞き取りし、計画案について確認する。[1]

・生活状況変わりなし。

・体調も変わらない。

　現状どおり更新希望。

　作業公開日が来週の△日にあるので来てくださいとのこと。そのときに面会して計画案を確認することにする。[2]

〇月△日午前　訪問

　作業見学に伺う。

　計画案を確認し、モニタリングとともにサインをいただき、控えをお渡しする。[3]

▶1
それぞれのサービスを踏まえて計画案全体を確認したとわかるように書く。

▶2
本人の希望だけでなく支援者のアセスメントも加味して更新内容を決定するつもりであるとわかるように書く。

▶3
実際に計画案を振り返りサインをもらったと、わかるように書く。

32 本人の体調不良と医師との連携

KeyPoint 記号 アセスメント 連携

▶ 元の記録

○月○日　本人より受電。

F：体調不良

D：今朝はめまいがひどい。どうしたら良いか、と連絡。

Ａ：a) 医師に報告することを告げる。

　　　　↓ b)

○○クリニックに連絡。

　　　　↓ c)

○○クリニックより、「医師より、同様なことがあったらクリニックに電話するように連絡した」と。

　　　　↓ d)

本人より、「先生から電話があった。薬は飲まないように言われた。時間を適当に見つけて訪問すると言われた。適当になんてひどいじゃないか」

　　　　↓ e)

「適当にというのは、なんとか時間をやりくりしてということ。きちんと診察をしてくださいということなので、むしろありがたいこと」と、説明。f)

　　　　↓ g)

そうなんですか。感謝します、h) と。

▶ a
単に、本人とクリニックの連絡係になっていて、支援者自身の見解が不明である。

▶ b, c, d, e, g
記号は必要な場合のみ使う。

▶ f
説明、となっているが、医師の対応について自分なりの解釈を押し付けているように読める。

▶ h
フォーカスチャーティングによれば、本人の反応はAではなくR。

114

記録の実際74　事例と解説　3章

修正アドバイス

記録ではできるだけ記号は使わないようにする。
関係者との連携は、役割分担がわかるように書く。

✔ **修正例**

〇月〇日　本人より受電。

F： 体調不良

D： 今朝はめまいがひどい。どうしたら良いか、と連絡。病院に自分から
は電話できない、代わりに電話してほしい、と語った。[1]

Ａ：医師に報告することを告げ、〇〇クリニックに連絡。担当者より、[2]
「医師より、同様なことがあったらクリニックに電話するように連絡
した」とのことだった。
　　その後[3]本人より電話、「先生から電話があった。時間を適当に見
つけて訪問すると言われた。適当になんてひどいじゃないか」と語っ
た。薬の飲み方について指示があったことに焦点を当て、傾聴した。[4]

R[5]： そうなんですか。感謝します、とのこと。

▶1
なぜ支援者が連絡したかが
わかるよう、情報を記載す
る。

▶2
前後の脈絡がわかるよう
に、話者が誰かわかるよう
に、記載する。

▶3
流れがわかるようシンプル
に記載する。

▶4
支援者のアクションがわか
るように書く。

▶5
本人の反応はRとして書く。

115

33 支援終了の相談

KeyPoint 第三者に関する表記　主観的な表現　アセスメント　対応が不明

▶ 元の記録

〇月〇日（来所）

　本人と姉が来所相談。作業所を退所したいとのこと。先月入ってき
た利用者で、うろうろしたり、奇声を発したりする a)のが気になって、
どの部屋に移動しても気になって仕方がない b)とのこと。半日休んで
みたり、1日おきの通所にしたりと、なるべく自分なりに慣れようと
頑張ってみたが、無理だった c)とのこと。

　姉も、自宅に帰ってきて疲れている本人を見ると気の毒になり、も
う見ていられないとのこと。これまで順調に通ってこられたのは、奇
跡的なこと d)だったので、もう充分頑張ったと思うので退所させた
いとのこと。

　作業所の職員を含めて話し合いの場を持ち、改善策を探ることを提
案したが、これまでも作業所の職員には何度も相談し、いろいろな策
を取ってもらったのでもう充分であるとのこと。

　退所の意思が強いことを確認し、作業所の主任に連絡し、今月末を
もって退所の手続きをしてもらうよう依頼した。e)

　本人と後日作業所に行き、工賃の精算など退所に必要な手続きを行
う約束をした。f)

▶a
第三者の病態に関する
記載。本人の支援に必
要な情報に限定して記
載する。

▶b
状況の説明ではあるが、
これが本人にとってなぜ
問題なのかがわからな
い。

▶c
本人の報告と思われる
が、何が無理なのかわか
らない。

▶d
特徴的な表現。姉の発
言のニュアンスを残した
いのであれば、引用とわ
かるようにカギカッコに
入れる。

▶e
誰が誰に依頼している
のか、わからない。

▶f
辞めた後どうフォローす
るのか、代わりにやる活
動を考えているのか、な
ど、今後の支援方針が
不明。

記録の実際74　事例と解説　**3章**

修正アドバイス

第三者の情報は、本人の支援に必要なもののみ記載する。
今後の対応について、わかりやすく記載する。

✔ 修正例

○月○日（来所）

　本人と姉が来所相談。作業所を退所したいとのこと。先月入ってきた利用者の**言動**[1]が気になって、**活動に集中できない**[2]とのこと。半日休んでみたり、1日おきの通所にしたりと、なるべく自分なりに慣れようと頑張ってみたが、**活動するのは「無理だった」**[3]とのこと。

　姉も、自宅に帰ってきて疲れている本人を見ると気の毒になり、もう見ていられないとのこと。これまで順調に通ってこられたのは、**「奇跡的なこと」**[4]だったので、もう充分頑張ったと思うので退所させたいとのこと。

　作業所の職員を含めて話し合いの場を持ち、改善策を探ることを提案したが、これまでも作業所の職員には何度も相談し、いろいろな策を取ってもらったのでもう充分であるとのこと。

　退所の意思が強いことを確認し、作業所の主任に連絡し、今月末をもって退所の手続きを**してもらうよう本人に依頼した。**[5]

　本人と後日作業所に行き、工賃の精算など退所に必要な手続きを行う約束をした。**作業所に代わる活動については退所の手続きを終えてから検討することとする。**[6]

▶1
第三者の病態をあえて詳しく書く必要はない。

▶2
本人にとってどう問題なのかを書く。

▶3
何が無理だったのかわかるように書く。また本人の言を引用するならカギカッコに入れる。

▶4
発言のニュアンスを残すため、引用とわかるようにカギカッコに入れる。

▶5
誰に依頼しているのかわかるように書く。

▶6
今後の支援方針について記載する。

34 家族の体調変化

KeyPoint 家族の言動　家族のアセスメント　具体的でない

▶ 元の記録

〇月〇日（会議）

　　参加者：姉、作業所△△、□□。

　　母は、自発呼吸はあるものの意識がなく、経鼻栄養を行っているが、肺炎リスクが高いため、今後は胃ろうにするかどうか家族に検討するよう医師から指示があるとのこと。[a]

　　また今後回復することは難しく、長期入院になる見込み。そのため、県立病院では入院を続けることができないため、次の転院先や、施設を探すことも求められている。今後病院のワーカーが相談に応じてくれる予定。

　　今後医師の診断次第であるが、手帳、年金、障害支援区分判定、後見手続きをすることが可能であることを説明し、必要があればいつでも声をかけてもらうようお願いした。[b]

　　土曜日の××デイは受け入れ不可であった旨を姉に伝えた。姉より、日曜日でもいいので、デイサービスを利用したいとの希望あり。[c]

▶a
第三者の病態についての記述が詳しすぎる。情報開示の点から気がかりであり、本人の支援にどう関係するのかもわからない。

▶b
本人でない第三者へサービス提供しようとしているように読めるが、妥当なのか不明。またこれが本人のケアにどうかかわるのかわからない。

▶c
家族のケアが大変で、サービスのない土日に本人をどうケアするか、という趣旨の会議だったことがわかるが、ここまで読まないと会議の意図、本人の支援への関わりが理解できない。

記録の実際74　事例と解説　**3章**

修正アドバイス

家族の個人情報は、本人の支援に関係するものを必要な範囲で記録する。
家族への介入は、それが本人の支援にどう関係するかわかるように書く。

✔ 修正例

〇月〇日（会議）

参加者：姉、作業所△△、□□。

これまで主に本人の面倒を見ていた母の入院に伴い、土日の預け先についての会議。土曜日の××デイは受け入れ不可であった旨を姉に伝えた。姉より、日曜日でもいいので、デイサービスを利用したいとの希望あり。[1]

母は、回復することは難しく、長期入院になる見込みで、転院などの手続きも必要である。[2]

家族内の負担を減らすため[3]、必要があれば情報提供等[4]いつでも声をかけてもらうよう伝えた。[5]

---

[1]
会議の意図、本人の支援への関わりがわかるよう、最初に記載する。

[2]
母について、本人の支援に関係する部分のみを記載する。

[3]
第三者への関わりの場合は、本人への支援との関係がわかるように書く。

[4]
事業所の運営基準に沿うように記載する。

[5]
本人でない第三者へのサービス提供を確約したような印象を与えない書きぶりを工夫する。

35 見学同行

KeyPoint **文章が中断** 第三者に関する表記　対応が不明　主観的な表現

▶ 元の記録

〇月〇日（見学同行）

　△△就労支援事業所の見学に同行した。見学後、対応したスタッフが□□ストア^{a)}でバイトをしていた時の店長に雰囲気が似ており、苦手であるとの感想あり。^{b)}スタッフは**こそこそ声で**^{c)}、「**あなたは特別に体験利用を早めに入れてあげるので来週からどうですか？**^{d)}」と**疑わしい**^{e)}説明をし、強引に体験に誘っている**印象を受けた様子。**^{f)}

　父も自分も本当は一般で就職したい**気持ちが正直な思いだ**^{g)}との話あり。^{h)}△△には行かずに自力で仕事を探すとの希望あり。^{i) j)}

　ハローワーク××に**報告済み**。^{k)}

▶a
第三者を特定する情報が必要か、吟味が必要。

▶b
文章を完結させる。

▶c
記録に適した表現を工夫する。

▶d
これは利用者の言なのか、支援者も聞いたのか、わからない。

▶e
何に対して疑わしいのかわからない。

▶f
その結果本人をどう見立てたのか、どう支援に反映させたのか、不明。

▶g
冗長な表現。

▶h, i
文章を完結させる。

▶j
結局どうすることにしたのか、方針がわからない。

▶k
何を報告したのか不明。

修正アドバイス

第三者の情報は、それが本人の支援に必要か、吟味して記載する。
支援者の主観を押し付けない。

✔ 修正例

〇月〇日（見学同行）

　△△就労支援事業所の見学に同行した。見学後、対応したスタッフが**バイトの知り合い**[1]に雰囲気が似ており、苦手であるとの**ことだった。**[2]**本人によると**[3]、スタッフは**周りに聞こえないような声で**[4]、「あなたは特別に体験利用を早めに入れてあげるので来週からどうですか？」と説明をし、強引に体験に誘っている印象を受け**たと語った。**[5]

　父も自分も本当は一般で就職したい**というのが正直な思い**[6]で、△△には行かずに自力で仕事を探**したいとのことだった。**[7]

　今後一般就労を目指すか、障害者枠で活動する場合も△△を利用するか、次回改めて相談することにした。[8]

　ハローワーク××に**経過を報告した。**[9]

▶1
不必要な詳細情報は削除する。

▶2
読みやすい表現にする。

▶3
続いての情報が本人からのものであるとわかるように記載する。

▶4
記録に適した表現を工夫する。

▶5
本人の言であることを明確にする。

▶6,7
シンプルな表現にする。

▶8
方針がわかるよう記載する。

▶9
何を報告したかわかるようにする。

36 担当者交替の話し合い

KeyPoint 主観的な表現　家族の言動　具体的でない　話者が不明

▶ 元の記録

〇月〇日　午後　来所　ケアマネの交代について話し合い

〇〇さんの**娘さん** [a]、PHN、ケアセンター管理者△△氏、ケアマネ

＜**娘さん** [b]より＞
父 [c]のこと
・**◆◆ケアマネさんのこと** [d]を**受け止めている。**[e]
母のこと
・**高血圧や糖尿病についても把握している。**[f] また父親とコミュニケーションを取れないことが**ストレスとなっている様子** [g]である。
＜ケアマネの交代＞
　ケアプランセンターの△△氏から、**母の希望に沿えないこともあり** [h]、来月末で退くことを伝える。後任は**主任ケアマネが良いのでは…** [i]**と投げかける。**[j] また**母親が契約書に基づきそれに沿って対応することを望むため** [k]、その旨を文章で表記したものを**娘さん** [l]に渡す。
　了承される。[m]
　ケアマネ後任については、母親と相談し連絡をくださるとのこと。**誰に連絡がいくかはわからない、連絡を取り合うこと。**[n]

▶ a, b, l
表現がくだけすぎ。

▶ c
利用者なのか、介護者なのかわかりづらい。

▶ d
何のことを指しているかわからない。

▶ e
具体的でない。

▶ f
第三者の病名等個人情報は記載不要。

▶ g
第三者の状況で、本人の支援にどう関係するかわからない。

▶ h
誰の発言か、何に沿えないのか、わからない。

▶ i
あいまいで、記録に不適切な表現。

▶ j, m
誰の行為かわからない。

▶ k
契約書に沿って対応することが通常ではないように読める。

▶ n
話者がわからない。支援者としてのアクションが不明。

記録の実際74　事例と解説　3章

> **修正アドバイス**
>
> 家族の個人情報は、本人の支援に必要なものを記録する。

✔ 修正例

○月○日　午後　来所　ケアマネの交代について話し合い

○○さんの**娘**[1]、PHN、ケアセンター管理者△△氏、ケアマネ

＜**娘**[2]より＞
○○さん[3]のこと
・ **ケアマネ担当変更希望のこと**[4]を受け止めている**様子。**[5]
・ 母（妻）は自身の体調不良や父（本人）とのコミュニケーションがストレスとなって介護負担が増しているようである。[6]

＜ケアマネの交代＞
　ケアプランセンターの△△氏から、来月末で退くことを伝える。**当方より、**[7]後任は主任ケアマネ**を勧めた。**[8]また**母（妻）宛てに契約書に基づき対応する**[9]旨を文章で表記したものを**娘**[10]に渡し、**娘が**[11]了承された。[12]

　ケアマネ後任については、**母（妻）**[13]と相談し連絡をくださるとのこと。**情報は関係者間で共有する。**[14]

▶ 1, 2, 8, 10
記録に適した表現にする。

▶ 3
利用者自身のこととわかるように書く。

▶ 4
具体的に書く。

▶ 5
娘による観察とわかるように書く。

▶ 6
義母の体調に関する詳細は削除。本人の支援に義母の様子がどう影響するかを書く。

▶ 7, 11
話者を明確にする。

▶ 9
どういう文書か、事実がわかるように端的に記載する。

▶ 12
実際に起きたとわかる表現にする。

▶ 13
表現を統一する。

▶ 14
支援者が取る対応を書く。

123

37 子育ての苦労

KeyPoint 話者が不明　アセスメント　主観的な表現　具体的でない

▶ 元の記録

〇月〇日

　よくわからないけれど児相に子どもが行ってしまった。a)
児相に対して、私が悪かったこともあるけれど子どもを連れて行かれ
た場。b) よくわからないままに連れて行かれ、相談したい気持ちには
ならなかった。

　カーッとなると意識が飛んでしまうが、どなったり、アルコールを床
に投げる c) 程度で他人に害は与えていないはず。

　児相に子どもが入ったのは、どうやら殴ってしまったみたいとの発
言あり。d)

　子どもといるときに、おかしいなと思ったら、トイレに入って気持
ちを落ち着かせている。困ったときはまず、夫に電話するようにして
いる。

　子どもをまた連れて行かれるのは嫌だ。e)

Ａ：児相に子どもを連れて行かれたことに対して、なぜ連れて行かれ
たのか十分な理解ができておらず納得していない。患者の嫌な気持ち
になることばかり問われた f) 覚えがあり、児相に対して患者を理解
しようとしてくれないという不信感がある。g)

　子どもと暮らしたい気持ちがあり、夫に相談したりトイレに入った
りと自分なりに解決方法を探すことのできる患者。アドバイスがあれば
適切な対処方法を獲得できそうである。h)

▶ a, b
以下、文章のつながりが
わかりづらい。

▶ c
実際に本人がこのよう
に発言したのか、支援者
の要約なのか、わからな
い。文章のつながりがわ
かりづらい。

▶ d
ここだけ伝聞になってい
るが、全体が誰の視点
で書かれているのかわか
りづらい。

▶ e
本人の発言をそのまま書
いているようで、全体に
冗長な印象。

▶ f
具体的に何を聞かれた
か記載がなく、アセスメン
トの根拠にならない。

▶ g
本人の訴えのまとめで
あって、アセスメントでは
ない。

▶ h
妥当なアセスメントとは
言えない。

記録の実際74　事例と解説　**3章**

修正アドバイス

記録本文の主語が誰なのか、わかりやすいように書く。
情報をまとめるだけでなく、どう判断したかわかるようアセスメントを書く。

✔ **修正例**

〇月〇日

以下本人談の要約。[1]

　児相は、私が悪かったこともあるけれど、よくわからないままに**子どもを連れて行かれた場で**[2]、**当時は**[3]相談したい気持ちにはならなかった。

　飲むと**「カーッとなると意識が飛んでしまうが、どなったり、アルコールを床に投げる程度で他人に害は与えていないはず」**[4]だが、児相に子どもが入ったのは**「どうやら殴ってしまったみたい」**[5]

　今は、子どもといるときに、おかしいなと思ったら、トイレに入って気持ちを落ち着かせている。困ったときはまず、夫に電話するようにしている。子どもをまた連れて行かれるのは嫌だ。

Ⓐ：児相に子どもを連れて行かれたことに対して、なぜ連れて行かれたのか十分な**理解がなく、自身の問題飲酒を認識していない**[6]一方、児相に対して**不信感があり、活用できていない。**[7]

　子どもと暮らしたい気持ちがあり、**困ったときには夫に相談したり場所を変えたりと自分なりに工夫しているが、対処方法は十分とは言えない。**[8]

▶1
本人の談を支援者が要約したとわかるように書く。

▶2
文章のつながりがわかりづらい。

▶3
時系列がわかるように加筆する。

▶4
本人の言をそのまま記録する場合は、引用とわかるように書き、文章の流れをわかりやすくする。

▶5
本人の言の引用とわかるように書く。

▶6
アセスメントを的確に書く。

▶7
本人の言動が問題解決にどう影響しているかをアセスメントする。

▶8
本人の対処スキルについて、支援者としての見立てを記載する。

125

38 インフォーマル資源が同席しての訪問

KeyPoint **アセスメント** 対応が不明 第三者に関する表記 話者が不明

▶ 元の記録

〇月〇日　自宅訪問

　状態等：A氏、A氏姉同席。PT、介護職とともに訪問。**近所の方もお見えになる。**a) **顔なじみで、今までいろいろとお手伝い**b) をしていたとのこと。A氏の自宅内の歩行は、見守りがあれば**何とか歩けている。**c) 玄関やトイレ、浴室にはすでに手すりがついている。ベッドは折り畳み式。**近所の方が心配して様子を見に来られ、**d) 元気そうな本人を見て喜ばれる。**お話を聞くと、時々やかんを焦がすなど火の元の管理が曖昧になっていて心配だったとのこと。**e)

　判断および対応：ベッドを広げておくと狭くなるが、つかまるところができ、動作は**行いやすくなるかもしれない。**f) 調理や入浴についてどうしていくかが**課題。**g)

▶ a
今後もインフォーマルな資源として関わる方であれば、特定できるように記載する。

▶ b
具体的に何を手伝っていたのか、わからない。

▶ c
誰の見解なのか不明。

▶ d
冒頭の人とは別人なのか、同一人物なのか、わからない。

▶ e
誰の発言なのかわからない。

▶ f
専門職の意見としては不十分。

▶ g
今後どう対応していこうと考えているのかわからない。

記録の実際74　事例と解説　3章

修正アドバイス

インフォーマルな資源は、継続的な介入が期待されるのであれば、明記する。
登場人物が複数いる場合、誰の発言かわかりやすく書く。

✔ 修正例

〇月〇日　自宅訪問

　状態等：A氏、A氏姉同席。PT、介護職とともに訪問。顔なじみで、**時々様子を見に来ているという近所の〇〇さんも同席。**[1] A氏の自宅内の歩行は、見守りがあれば**何とか歩けていた。**[2] 玄関やトイレ、浴室にはすでに手すりがついている。ベッドは折り畳み式。**〇〇さんによると**[3]、時々やかんを焦がすなど火の元の管理が曖昧になっていて心配だったとのこと。

　判断および対応：ベッドを広げておくと狭くなるが、つかまるところができ、動作は**行いやすいこともあるので、当面そのままにすることを PT と確認した。**[4] **火の扱いや入浴に課題があるため、来週の面接時に改善策を提案することにした。**[5]

▶1
具体的にどう関わっていたのかわかるように、またインフォーマル資源として特定できるように書く。

▶2
支援者の観察とわかるように書く。

▶3
話者がわかるように書く。

▶4
専門職の意見とどう対応したかを明記する。

▶5
今後の対応を具体的に書く。

127

39 本人の体調変化と家族の負担

KeyPoint **アセスメント** 家族の言動　家族のアセスメント

▶ 元の記録

〇月〇日【〇月モニタリング訪問】

① 健康状態について。頭部の傷は順調に回復しているが、まだ受診の継続が必要との判断。週3回受診が必要。**受診の付き添いが妻にとっては負担だったという。**a)

② 嚥下について。ご本人はおかゆなど様々なものを食べたいと言われるが、誤嚥が心配なのでお楽しみ程度にヨーグルトを摂取している。むせ込みは減っているとのこと。**発語も活発でご本人の訴えで妻や介護スタッフが振り回されることもある（カレンダーは2月になっているが、本人が「2月になっていないからめくって」と訴える、など）。**b)

【アセスメント・対応】

① 健康状態は維持。受診は**今後もヘルパー対応とする。**c)

② 家族は誤嚥性肺炎の危険性を理解し、**今食べられるもののみを食べてもらっている。**d)嚥下機能も向上している。

・ 現行サービス継続の意向を確認、翌月月間計画に同意を得る。

▶a
これは本人の健康状態ではなく、家族の介護負担に関する情報である。

▶b
これは嚥下機能に関する情報ではなく、発語機能や認知機能、それにまつわる周囲への影響に関する情報である。

▶c
上記では家族の負担が語られていて、ヘルパーの関与がわからない。

▶d
これは家族のアセスメントである。また誰が誰に食べて「もらって」いるのか不明。

記録の実際74　事例と解説　**3章**

修正アドバイス

本人と家族の状況は、わかりやすいように整理して書く。
家族のアセスメントは、それが本人の支援にどう関係するかわかるように書く。

✔ 修正例

〇月〇日【〇月モニタリング訪問】

① 健康状態について。頭部の傷は順調に回復しているが、まだ受診の継続が必要との判断。週3回受診が必要。ヘルパーを利用している。1)

② 嚥下・発語2)について。ご本人はおかゆなど様々なものを食べたいと言われるが、誤嚥が心配なのでお楽しみ程度にヨーグルトを摂取している。むせ込みは減っているとのこと。発語も活発である。3)

③ その他。受診の付き添いが妻にとっては負担だったという。4)ご本人の訴えで妻や介護スタッフが振り回されることもある（カレンダーは2月になっているが、本人が「2月になっていないからめくって」と訴える、など。5)本人や家族の思い違いなのか、本人の認知機能低下の兆しかは不明）。6)

【アセスメント・対応】

① 健康状態は維持。家族の負担軽減のため、7)受診は今後もヘルパー対応とする。

② 嚥下機能、発語は向上している。8)認知機能については継続してモニタリングする。9)

③ 家族は誤嚥性肺炎の危険性を理解している。介護負担について、継続してフォローする。10)

・ 現行サービス継続の意向を確認、翌月月間計画に同意を得る。

▶1
ヘルパー利用について言及する。

▶2
嚥下だけでなく発語についても情報収集したとわかるように書く。

▶3
発語についての情報収集をしたことを明記する。

▶4
家族に関する情報は別途記載する。

▶5
家族や周囲への影響に関する情報は別途記載する。

▶6
継続的にアセスメントが必要と思われる事象は別途明記する。

▶7
家族からの情報を対応に関連付けて書く。

▶8
アセスメントとしてまとめる。

▶9
継続的にアセスメントすることについては明記する。

▶10
家族へのフォローについても別途明記する。

40 長い生活歴

KeyPoint 主観的な表現　話者が不明

▶ 元の記録

【生活歴】

　父母ともに公務員の家系で**待望の** a)一人娘として生まれた。父に厳しく育てられ、**特に学業には厳しかった。その一方で優しい面もあり** b)、父のことを尊敬していた。**某有名音楽大学** c)へ進学、在学中に知り合った相手と24歳で結婚した。その後ピアノ教室を開き、**順調に進んだかに見えたが** d)**2年後に** e)前夫とすれ違いから離婚し、実家に戻ることになった。帰省後はクリーニング店等で働き、**3年経過したころ** f)出会った男性と、30歳で再婚。その後35歳で**待望の女の子に恵まれたものの** g)、**2歳のときに** h)不慮の事故で亡くなった。娘が亡くなってから気力がなくなり、部屋にひきこもるようになった。**58歳のときに** i)大腸がんのため、手術。当時、うつ傾向により安定剤も服用していた。その後60歳のときに夫ががんのため亡くなった。

▶a
何を伝えたいのか不明。

▶b
誰が主体なのか不明。

▶c
このような記載が必要か、検討を要する。

▶d
何が順調だったのかわからない。情緒的な表現である。

▶e, f
表記がわかりづらい。

▶g
情緒的な表現。

▶h
娘の年齢が書かれているがわかりづらい。

▶i
時間が突然大幅に経過していて違和感がある。

記録の実際74　事例と解説　3章

> **修正アドバイス**
>
> 情緒的にならないよう、シンプルな表現を使う。
> 年齢を明記する場合は書き方を統一する。

✔ 修正例

【生活歴】

　父母ともに公務員の家系で一人娘として生まれた。父は**特に学業には厳しかったが、その一方で優しい面もあったので**[1]、父のことを尊敬していた。**音楽大学**[2]へ進学、在学中に知り合った相手と24歳で結婚した。その後ピアノ教室を開き、**結婚生活は順調と思われたが**[3]**すれ違いから26歳で**[4]離婚し、実家に戻ることになった。帰省後はクリーニング店等で働き、**29歳で出会った男性と**[5]30歳で再婚。35歳で**女児を出産したが**[6]、**37歳のときに事故で亡くした。**[7]娘が亡くなってから気力がなくなり、部屋にひきこもるようになった。**その後生活上大きな変化はなかった。**[8]58歳のときに大腸がんのため、手術。当時、うつ傾向により安定剤も服用していた。その後60歳のときに夫ががんのため亡くなった。

▶1
本人の意見とわかるように書く。

▶2
シンプルな表記にする。

▶3
何が順調だったかわかりやすく書く。

▶4
シンプルでわかりやすい表現にする。

▶5
わかりやすい表現にする。

▶6, 7
シンプルな表現にする。

▶8
特記事項がないということを記載する。

41 関係者からの家族に関する情報

KeyPoint 主観的な表現　関係者の言動　連携　アセスメント

▶ 元の記録

〇月〇日

O：　ケアマネからの情報。

・娘さん a) は独自の考え方があって、なかなか現実を直視できないし、決断もできない方。b) 今までも訪問医から看取りのことを話されているが、娘は患者の死を否定し、受け入れられていない。c) かと思うと d)、訪問医やヘルパーに対する要求度は高く e)、「もっと志気の高い人をよこしてほしい」f) と要求してクレームしてきたり、どんどん事業所を変えたりする。g)

・娘夫婦は飲食関係の仕事で、今回入院前も仕事が多忙だったよう。娘婿は介護への協力はなし。h)

・娘は自宅にいるときも不安で i) 一人で介護は実践できない。常にヘルパーと二人で介護している。

・△△県在住の息子夫婦とは協力や相談もできない関係で複雑な背景あり。j)

・訪問医もヘルパーもケアマネも数回変更している。介護サービスもたびたび k) 変更した経緯あり。

A l)：　過去の長い m) 経過の中でも家族は独自の解釈 n) と判断を繰り返されているよう。今回入院の関わりだけで変容を期待することは困難と思われる。地域の方はその分も理解した上でフォローされている。

P：　ケアマネより、訪問診療医には状況を連絡し、フォローいただくことを依頼した。

　　主治医に訪問看護指示書と診療情報提供書の作成を依頼した。

▶ a
引用でなければ、家族の呼び方は中立的にする。

▶ b
情緒的な表現。言い回しを工夫する。

▶ c
支援者の断定的な言い回しで、具体性に欠ける。

▶ d, e, g, k, m, n
支援者の主観的な表現。

▶ f
娘の言の引用になっているが、このまま書いて良いか、検討する。

▶ h
婿に全く関わる気がないように読める。家族の言であったとしても、この表現が適切か検討する。

▶ i
支援者の評価か、娘本人の言か不明。

▶ j
思わせぶりな表現。必要なことだけを書くようにする。

▶ l
家族のアセスメントだが、それが本人の支援にどう影響するのかわからない。

記録の実際74 事例と解説 **3章**

> **修正アドバイス**
>
> 情報開示に備え、関係者からの情報であっても記載の仕方には配慮する。
> 本人の支援に必要な情報が何か、吟味して記録する。

✔ 修正例

〇月〇日

O： ケアマネからの情報。

- **長女**[1] には今まで訪問医から看取りのことを話されているが、**本人の病状や予後を受け入れられていない様子**[2] である。
- 訪問医やヘルパーに対する**期待**[3] が高く、これまで**何度か**[4] 訪問医や事業所、支援者を変えている。
- **長女**[5] は一人で介護は実践できない。常にヘルパーと二人で介護している。
- 長女夫婦は飲食関係の仕事で、今回入院前も仕事が多忙だったよう。娘婿は介護への協力は**困難。**[6] △△県在住の**長男**[7] 夫婦とは**協力や相談が難しい関係である。**[8]

A： **過去の経過から**[9]、今回入院の関わりだけで**長女**[10] による**本人の病状理解の変容**[11] を期待することは困難と思われ、**退院後の介護体制が懸念される。**[12] 地域の方はその分も理解した上でフォローされている。

P： ケアマネより、訪問診療医には状況を連絡し、フォローいただくことを依頼した。主治医に訪問看護指示書と診療情報提供書の作成を依頼した。

▶ 1, 5, 7, 10
家族の表現は中立的にする。

▶ 2
表現を工夫する。

▶ 3, 4, 6, 9
ニュートラルな表現を工夫する。

▶ 8
端的に必要な情報を書く。

▶ 11
家族の問題ではなく患者にどう影響しているかを明記する。

▶ 12
家族の状況が患者の問題にどう影響しているかをアセスメントする。

42 介護者によるネグレクトの疑い

KeyPoint **リスクアセスメント** 対応が不明　話者が不明

▶ 元の記録

〇月〇日

S a)：自宅に看護師やヘルパーさんに来てもらうのはいかがですか、という問いかけに対し、**本人うふふとほほ笑むが答えない。**b) 妹さんは、前もサービスを入れたり、デイサービスにも通ったが嫌がった、と。最近は仕事に行って帰ってくるとおむつがおしっこでいっぱいになっていることが多いが、マットレスにはビニールかけているので汚すことはない、また日中は一人では車いすに乗れないので動けないが、飲み物はベッドの脇の冷蔵庫に十分に入っているし、ベッドの脇に置いている、とのことだった。

O：本人の身なりは整っている。**本人は疾患から意思決定が難しい状況。**c) 妹は献身的に**意向を汲んで、サポートされている。**d)

A e)：**ネグレクト疑い** f)。

P g)：在宅サービスの検討が急務と思われたが、妹が慎重に考えたい様子であり、控えた。

▶ a
妹の発言がSに入っており、わかりづらい。

▶ b
本人の発言と支援者の観察が混在してわかりづらい。

▶ c
客観的情報ではなく、専門職としての評価なのでアセスメント。

▶ d
そう評価したと言いきってよいのか、吟味が必要。

▶ e
アセスメントとOで書かれた妹の情報が相反している。

▶ f
評価の根拠がわかりづらい。ネグレクトと判断するだけの根拠があるか不明で、他の表現で状況を伝えられないか、検討が必要。

▶ g
評価に対して介入案が適切でない。

記録の実際74　事例と解説　**3章**

> **修正アドバイス**
>
> ネグレクトと評価する場合、根拠が十分が吟味する。
> 介入しないと判断した場合は、その根拠も記録に明記する。

✔ 修正例

〇月〇日

[S]1)：（「自宅に看護師やヘルパーさんに来ていただく方法はいかがですか?」という問いかけに対し）

　　本人：うふふ。(ほほ笑むが答えない)2)

[O]：　本人の身なりは整っている。

　　妹より以下発言あり。3)

　　妹：前もいろいろサービス入れたり、デイサービスにも通ったんですが嫌がってしまって。最近は私が帰るまでおむつも替えられないので、おむつがおしっこでいっぱいになっていることが多いですが、マットレスにはビニールかけてますので汚すことはないです。日中は一人では車いすに乗れないですから動けませんけど、飲み物はベッドの脇の冷蔵庫に十分に入ってますし、本人は取れないので、ペットボトルをベッドの脇に置いてます。

[A]：　**本人は疾患から意思決定が難しい状況。**4)妹は献身的に意向を汲んで、サポートされているが、**清拭、水分補給等が十分でないと認識されていない様子で、**5)**本人に適正なケアが提供されていない。**6)

[P]：　在宅サービスの検討が急務と思われたが、妹が慎重に考えたい様子であり、控えた。**次回外来が2週間後のため、それまでに自宅の状況に対応が必要か、関係者で協議する。**7)

▶1
Sは本人の発言に限定する。

▶2
本人の様子をカッコに入れる。

▶3
家族の発言はまとめて書く。逐語にすることで、支援者の評価を挟まずに記録することができるが、その際も表現や内容には注意する。

▶4
評価なのでアセスメントに記載する。

▶5
家族の状況が本人のケアにどう影響しているか、を書く。

▶6
ネグレクトかどうかを断定するよりも、適正なケアが提供されていない現状を的確に記録することが重要である。

▶7
本人が適正なケアを受けていないとアセスメントしたことに対して、アクションを取る旨明記する。

43-❶ 介護が困難と思われる家族との面接

KeyPoint 家族の言動　アセスメント　対応が不明　主観的な表現

▶ 元の記録

〇月〇日

S a)：息子さん b)「とにかく母にあった処置を先生に判断してもらいたいんです。訪問診療とか訪問看護とか、ヘルパーさんも 1 日 2 回ぐらいは来てもらいたいんです。でもお金のかかることはできません。お前（妹さん c)さんざん甘えてきたんだから面倒ぐらいみろよ！」
娘さん d)「父のときは食べさせたら誤嚥性肺炎になったので、食事のことを教えてもらいたいですね。」

O：　息子さん e)（別居）、娘さん f)（同居）を交えてカンファレンス。参加者：〇〇ホームクリニック●● Dr、□□訪看ステーション■■所長、△△在支▲▲所長、◎◎介護サービス〇〇さん、当院◇◇ Dr、◆◆ Ns、▽▽相談員。

　◇◇ Dr. より嚥下機能低下しており誤嚥は必発との見解。娘さん g)一人の時に突発的なことがあるかもしれないため、落ち着いて対処できるように、と。

　娘さん h)は目線をあまり合わせず、時々時計を見たり指先を動かしたりするしぐさがあったが、質問には短い言葉で返答されていた。i)カンファレンス中はほとんど息子さん j)が話され、娘さん k)は周囲を見回したり落ち着かない様子であった。l)病棟から食事摂取時の姿勢等、口腔ケア、排泄介助等について指導を受けた。「やってたからわかりますよ」と言いながらベッドサイドで試されていたが、非常におぼつかない様子だった m)。

▶ a
家族の発言は O に記載したほうがわかりやすい。

▶ b, c, d, e, f, g, h, j, k, o
ニュートラルな表現で統一したほうがわかりやすい。

▶ i
家族の介護能力に不安がある、という根拠として不十分である。

▶ l, m
支援者の印象なので、より具体的に家族の言動を記載するほうが効果的。

記録の実際74 事例と解説　**3章**

> **修正アドバイス**
>
> 家族へのアセスメントの根拠となった情報を具体的に明記する。
> 支援の一環として家族にフォローする場合、わかりやすいように書く。

✔ 修正例

〇月〇日

⑤[S][1)]：本人不在のため割愛。

⑩[O]：　**長男**[2)]（別居）、**長女**[3)]（同居）を交えてカンファレンス。参加者：〇〇ホームクリニック●● Dr、□□訪看ステーション■■所長、△△在支▲▲所長、◎◎介護サービス〇〇さん、当院◇◇ Dr、◆◆ Ns、▽▽相談員。

　　長男[4)]「とにかく母にあった処置を先生に判断してもらいたいんです。訪問診療とか訪問看護とか、ヘルパーさんも1日2回ぐらいは来てもらいたいんです。でもお金のかかることはできません。お前（**長女**[5)]）さんざん甘えてきたんだから面倒ぐらいみろよ！」

　　長女[6)]「父の時は食べさせたら誤嚥性肺炎になったので、食事のことを教えてもらいたいですね。」

　　◇◇ Dr.より嚥下機能低下しており誤嚥は必発との見解。**長女**[7)]一人の時に突発的なことがあるかもしれないため、落ち着いて対処できるように、と。

　　カンファレンス中、**長女**[8)]は目線をあまり合わせず、時々時計を見たり指先を動かしたりするしぐさがあり、周囲を見回したり落ち着かない様子であった。質問には短い言葉で返答されていた。[9)]カンファレンス中はほとんど**長男**[10)]が話された。病棟から食事摂取時の姿勢等、口腔ケア、排泄介助等について指導を受けた。「やってたからわかりますよ」と言いながらベッドサイドで試されていたが、器具の扱いや姿勢の確保に手間取り、単独で行うのが非常におぼつかない様子だった。[11)]

▶1
Sがないのであればその旨明記する。

▶2, 3, 4, 5, 6, 7, 8, 10, 12
本人から見たニュートラルな表現にそろえる。

▶9
長女の様子についてまとめて書く。

▶11
具体的に家族の様子を記載する。

137

43-②　介護が困難と思われる家族との面接

KeyPoint　**家族の言動**　アセスメント　対応が不明　主観的な表現

▶ 元の記録

A n）：娘さん o）の意向確認や指導に十分な時間が持てなかったが、家族がそろった場でカンファレンスを行い、退院後の状況について共有し、サポート体制を話し合うことができた。

P p）：退院決定。○月○日13時介護タクシー出発。

14時〜ケアマネジャー、訪問看護師、ヘルパーが初回訪問。

15時〜訪問診療医が初回訪問。

訪問診療の頻度は未定。

訪問看護は退院日から2週間は毎日実施。

ヘルパー 2回／日。

▶ n
家族の介護能力が十分ではない、と判断したことが伝わりづらい。

▶ p
家族の介護能力へのフォローについて、わかりづらい。

記録の実際74　事例と解説　3章

✔ 修正例

Ａ：家族がそろった場でカンファレンスを行い、退院後の状況について共有
　　し、サポート体制を話し合うことができた。**しかし長女**[12]**は非常に不安**
　　な様子で、質問の受け答えもこちらの意図がくみ取れているか不明であっ
　　た。また「わかりますよ」と言いつつ、実際の介護手技が不確かであり、誤
　　嚥の対策が十分とは思われなかった。[13]

Ｐ：退院決定。○月○日13時介護タクシー出発。
　　14時〜ケアマネジャー、訪問看護師、ヘルパーが初回訪問。
　　15時〜訪問診療医が初回訪問。
　　訪問診療の頻度は未定。
　　訪問看護は退院日から2週間は毎日実施。
　　ヘルパー 2回／日。
　　　長女に対して各自が継続的に声がけし、フォローすることを関係者間で
　　共有した。[14]

▶13
家族の介護能力が十分ではない、と判断したことを明確に記載する。

▶14
家族の介護能力へのフォローを明記する。

139

44 協力的でない家族に関する面接

KeyPoint 家族のアセスメント　連携　家族の言動　具体的でない

▶ 元の記録

〇月〇日

S：甥は大学卒業してからもしばらくは家に一緒にいたんだけど、**いろいろ** a)あったからね。その話はもういいわよ。

O：看護師より情報提供。昨日看護師が甥に電話をした際はつながらなかったが、本日コールバックあり。主治医より状況説明すると以下の**反応があった** b)とのこと。

・民生委員から具合が悪いとは聞いていたので、いつか連絡が来るだろうとは思っていた。説明を伺い、状況はわかった。

・遠方のため、訪問はできないが、電話連絡は構わない。

・これまでも本人と**いろいろあり** c)、患者に対しての金銭的支援は避けたいが、病院に迷惑のかからない方法は考慮したい。

・甥の娘が近隣在住なので、手伝えるか娘と相談されるとのこと。

A：本人の意向に沿い、甥に連絡を取らない**ことも配慮できたかもしれない** d)が、本人の認知機能の低下ならびにこれからの療養生活に不利益が及ぶことも e)考えられたため、**医師・看護師と協議の上、連絡を入れることとした。**f)

P：本人と面接。**甥の話を振る** g)が、話をそらされた。h)
遠方在住ではあるが、甥が全く連絡を拒まれるわけではない事実確認が取れた。明日以降、甥に連絡を入れ、今後支援いただける方法を考える。i)

▶a
本人の言で、詳細を聞き出せないのであればそのままにする。

▶b
発言の記載であれば、そのように書く。

▶c
具体的でないのでかえってわかりづらい。

▶d
わかりづらい表現である。すっきりと書く。

▶e
具体的でないので何のことかわかりづらい。

▶f
これはアクションなのでPに入れる。

▶g
記録に適した表現を工夫する。(二重下線部)

▶h
これは情報なのでOに入れる。

▶i
家族の情報(O)とそれに対するアクションなので、本人の支援にどうつながるのかを明確に書く。

記録の実際74　事例と解説　**3章**

> **修正アドバイス**
>
> ネガティブな表現を避けるあまりに曖昧にならないよう、具体的に記載する。
> 記録に適したシンプルな表現を使う。

✔ 修正例

○月○日

S：　甥は大学卒業してからもしばらくは家に一緒にいたんだけど、**いろいろ**[1] あったからね。その話はもういいわよ。

O：　**本人と面接。こちらから甥について尋ねた**[2] が、**話をそらされた。**[3] 看護師より情報提供。昨日看護師が甥に電話をした際はつながらなかったが、本日コールバックあり。主治医より状況説明すると以下の**発言があった**[4] とのこと。**遠方在住ではあるが、甥が全く連絡を拒まれるわけではない事実確認が取れた。**[5]

　　　・民生委員から具合が悪いとは聞いていたので、いつか連絡が来るだろうとは思っていた。説明を伺い、状況はわかった。

　　　・遠方のため、訪問はできないが、電話連絡は構わない。

　　　・これまでも本人と**行き違いや衝突があり**[6]、患者に対しての金銭的支援は避けたいが、病院に迷惑のかからない方法は考慮したい。

　　　・甥の娘が近隣在住なので、手伝えるか娘と相談されるとのこと。

A：[7] 本人の認知機能低下しつつあり、今後ますます判断が難しくなるが、家族の協力について不明であったため、これからの療養生活を決定することが困難である。

P：　本人の意向に沿い、甥に連絡を取らない**選択肢も検討した**[8] が、**これからの療養生活を早急に考慮することが必要と**[9] 考えられたため、**医師・看護師と協議の上、連絡を入れることとした。明日以降、再度甥に連絡を入れ、今後支援いただける方法を考える。**[10]

▶1
本人の言の引用なので変更なし。

▶2
記録に適した表現にする。

▶3
これは情報なのでOに入れる。

▶4
発言と、シンプルに書く。

▶5
家族の情報なのでOに入れる。

▶6
具体的に書く。

▶7
現在の状況が本人の支援にどう影響していると考えたか、わかるように書く。

▶8
わかりやすい表現にする。

▶9
アセスメントとプランのつながりをわかりやすく記載する。

▶10
アクションをまとめてPに書く。

45 家族自身についての相談

KeyPoint 話者が不明　連携　家族の言動

▶ 元の記録

〇年〇月〇日　初回相談

　ご本人様 a)のケアマネジャーとして訪問していたところ、**お嫁様** b)より**ご主人** c)も介護の申請をしたら申請が下りるだろうかと相談を受ける。もともと登山好きで健脚だったが、年々足取りが悪くなり、最近は時折転んでしまうようになったとのこと。自宅のふろ場に手すりを付けたり、**ちゃんとした杖を使ったり** d)、**リハビリを受けさせたい** e)と話があった。リハビリを受けることと介護申請をするには医師に**相談** f)が必要なことを伝え、次回通院時に医師に相談していただくこととなった。**介護の申請やリハビリの希望の有無をご本人** g)**にも確認をした** h)。最近**歩くことが億劫になってきたので、介護の申請をしてリハビリをやってみたい** i)とのこと。

▶a
誰のことを指しているのか、わかるように書く。

▶b
呼び方を統一する。

▶c
誰のことか、わかりやすい呼び方にする。

▶d
記録に適した表現にする。

▶e
前の文章と表現を揃える。

▶f
「相談」ではなく「判断」。

▶g
呼び方を統一する。

▶h
面接の流れどおりの順番で記録されていると思われるが、サービス導入はあくまで本人の意思が優先されるべきで、記録もそれが伝わるように書く必要がある。

▶i
本人の言のようだが、わかりづらい。

記録の実際74　事例と解説　**3章**

> **修正アドバイス**
>
> 登場人物が複数いる場合は、その書き分けに注意する。
> 関係者との役割分担は明確に書く。

✔ 修正例

〇年〇月〇日　初回相談

　家族[1]のケアマネジャーとして訪問していたところ、**長男妻**[2]より「**義父**[3]も介護の申請をしたら申請が下りるだろうか」と相談を受ける。**本人は、**「**最近歩くことが億劫になってきたので、介護の申請をしてリハビリをやってみたい」**[4]とのこと。**長男妻からは、**[5]「もともと健脚だったが、年々足取りが悪くなって、最近は時折転んでしまうようになった。自宅のふろ場を改修したり、**本人に適した杖を使ったり**[6]、リハビリを受け**たり**[7]させたい」[8] と話があった。

　リハビリを受けることと介護申請をするには医師**の判断**[9]が必要なことを伝え、次回通院時に医師に相談していただくこととなった。

▶1
特に本人との関係性を強調する必要がないので家族と記載。

▶2, 5
話者を明確にし、本人との関係性がわかるように書く。

▶3
長男妻の言とわかるようにカギカッコに入れて「義父」と記載。

▶4
本人の意思を優先的に記載する。

▶6
記録に適した表現にする。

▶7
文章の書きぶりを揃える。

▶8
長女の言だとわかるようにカギカッコに入れる。

▶9
「相談」ではなく「判断」。

143

46 リハビリの紹介

KeyPoint **アセスメント** 対応が不明 第三者に関する表記

▶ 元の記録

○年○月○日　契約訪問

　介護予防支援の契約を行った。

　アセスメントを行い下肢筋力の低下と腕の筋力低下も確認。**外出もできていないことから、**[a) **さらに悪化する危険性が確認できた**[b)。本人、妻の希望どおり、**リハビリと浴室改修、段差解消の必要性があると判断した**[c)。

リハビリは半日を希望、ご希望の△△について見学を調整することとなった。住宅改修について、**知人と同じ**[d)サービス事業所の××を希望された。

　サービス事業所について本人の意欲や家族の期待、感情面から希望どおりの事業所が妥当であると判断した[e)。

▶a
外出「も」とあり、他に何ができていないのか、と疑問がわく。

▶b
何が悪化するのかわかりづらい。

▶c
アセスメント結果として書かれているが、これは支援計画。また判断の根拠がわかりづらい。

▶d
本人以外のサービス利用状況をなぜ書く必要があるのか、わかりづらい。

▶e
判断理由の根拠がわかりづらい。

記録の実際74　事例と解説　3章

修正アドバイス

支援計画と判断、その根拠になった事実のつながりはわかりやすく書く。
何がどう変化、悪化すると考えられるのか、具体的に記載する。

✔ 修正例

〇年〇月〇日　契約訪問

　介護予防支援の契約を行った。

　アセスメントを行い下肢筋力の低下と腕の筋力低下も確認。**段差のために自宅内での移動が困難で、外出できておらず運動量が減っており、**[1] さらに**筋力が低下する危険性が確認できた**[2]。本人、妻の希望どおり、**筋力回復と運動量確保のために、リハビリ（下肢、上肢）**[3] と自宅改修（浴室改修、段差解消）**を導入する**[4]。

　リハビリは半日を希望、ご希望の△△について見学を調整することとなった。住宅改修と歩行器について、**知人が使っていてよく知っている**[5] サービス事業所の××を希望された。

　サービス利用について、本人、家族とも意欲的である。[6] **サービス事業所について本人が信頼している既知の事業所が妥当であると判断した**[7]。

[1]
段差と外出できていないことがどう運動量減少につながるのかを記載。

[2]
具体的に何がどう変化するかを書く。

[3]
腕の筋力低下に気づいているので、気づきっぱなしにせず支援計画に反映させる。

[4]
支援計画とその目的を具体的に書く。

[5]
具体的にどう本人の意向に関係しているのかを書く。

[6]
サービス利用については事業所決定の理由と分けて書く。

[7]
記録に適した表現にする。

145

47 介護者による虐待の疑い

KeyPoint リスクアセスメント　家族の言動　関係者の言動

▶ 元の記録

〇月〇日

　訪問。本人は床に寝ていてほとんど動けない。左腕にあざ。a) 夫は食べたがらないので食べさせていないという。b)

　娘に電話。今日の状況を伝える。先週は座椅子に座れていたのに、今週訪問したら、座っていても横に倒れたりしていた。c)

〇月〇日

　娘に電話。

　昨日39.1度熱が出た。訪問看護を急きょお願いし、診てもらった。看護師と相談し、救急車を呼んだら、市内の病院に入院になった。d)

　左腕のあざについては、唾を吐かれて嫌がらせしたので、夫が強く握って揺すったと。e)

同日

　訪問看護　△氏より電話。

　往診医に熱発していることや、虐待を受けていること f)を相談していたが、一向に指示が来なかった。g) 本人を診ないで処方箋を出している様子だった。h)

▶a
あざにどう対応しようとしていたか、わからない。

▶b
誰の発言か、わかりづらい。

▶c
支援者の観察なのか、誰かからの報告なのか、わかりづらい。

▶d
誰がやったことかわからない。

▶e
気がかりについて確認しているが、伝聞でどの部分が誰の言動か、わかりづらい。この情報を受けてどう判断し対応しようとしているか、わからない。

▶f
虐待と断定しているが、根拠が不明。

▶g
往診医に対する訪問看護の不満を感情的に書きすぎている。

▶h
往診医に対する誹謗中傷になる可能性がある。またその情報を記録することを訪問看護が了解していない可能性が高い。

記録の実際74　事例と解説　3章

> **修正アドバイス**
>
> 複数から情報が入る場合、話者が誰かわかるように書く。
> 第三者に関する記載は慎重に記載する。

✔ 修正例

〇月〇日
　訪問。本人は床に寝ていてほとんど動けない**様子だった**[1]。左腕にあざがある。
　夫に確認すると、本人が食べたがらないので食べさせていない、あざについては気づかなかった、とのことだった。[2]
　娘に電話。今日の状況を伝える。**先週娘が訪問した時は座椅子に座れていたが、今週訪問したら、座っていても横に倒れたりしていた、あざはなかった、とのことだった。**[3]
　食事が十分でないこと、動けなくなっていること、あざについて、対応を検討する。[4]

〇月〇日
　娘に電話。
　昨日38.9度熱が出た。**訪問看護を急きょお願いし、診てもらった。看護師と相談し、救急車を呼んだら、市内の病院に入院になった、とのことだった。**[5]
　左腕のあざについては、本人に唾を吐かれて「嫌がらせ」された[6]ので、夫が強く握って揺すった、とのことだった。[7]**今後の本人の安全確保について関係者と協議することにする。**[8]

同日
　訪問看護　△氏より電話。
往診医に熱発していることや、**食事が十分与えられていないこと、左腕のあざについて**[9]相談していたが、**特に指示が来なかった。**[10]**本人の状態が十分に伝わっていなかったもしれないとのことだった。**[11]

▶1
支援者の観察とわかるように記載する。

▶2
夫の発言とわかるように書く。あざについて確認したことを明記する。

▶3
娘からの報告とわかるように書く。

▶4
気づいたことを記載するだけでなく、それが自分の支援につながるとわかるように書く。

▶5
娘からの報告とわかるように書く。

▶6
夫の言の引用とわかるように書く。

▶7
夫に関する娘の報告だとわかるように書く。

▶8
あざについて情報収集にとどめるのでなく、支援につながるとわかるように書く。

▶9
気がかりな事象は具体的に書く。

▶10
事実を客観的に書く。

▶11
問題は情報が十分でなかったことであるので、そのことを淡々と書く。

147

48 危機介入

KeyPoint 話者が不明　具体的でない　関係者の言動　対応が不明

▶ 元の記録

〇月〇日　電話連絡　入院

12：30　サービス協会〇〇氏からヘルパーさんが a) 活動に行ったが、ベッドで座ったまま動くことなく反応がない。b) 認知が進んだのでは c) と報告があった d) ので、訪問看護に連絡をしたほうが良いかと電話があった。〇〇氏から訪問看護△△氏に電話、様子を見に行ってくれる。e)

13：40　△△氏から救急車で××病院に搬送と電話があった。

17：30　娘から感染脳症で意識が混濁していた。f) 入院となったと報告がある。△△氏、〇〇氏に連絡した。g)

〇月〇日　××病院　入院

　××病院に入院情報提供を提出した。

　病棟を訪問。顔がむくんでいる。昨日のことは覚えていない。h)

　病室に娘夫婦もいて、退院後も一人なので夜が心配。i) お金があれば j) 療養型の相談もできるので、相談室で相談するよう伝えた。

▶a
読点がないので関係がわかりづらい。

▶b
ヘルパーからの報告が続くので、句点ではなく読点。

▶c
ヘルパーの言であっても、専門用語なので書き方に注意が必要。

▶d
誰から誰への報告か、わからない。

▶e
誰が様子を見に行ったのかわかりづらい。この支援に支援者自身がどう関わったか不明。

▶f
娘からの報告が続くので、句点でなく読点。

▶g
今後のアクションプランがわからない。

▶h
支援者の観察と本人の言が混在している様子である。

▶i
誰が心配なのか、わかりづらい。

▶j
専門職の表現として、検討が必要。

記録の実際74　事例と解説　**3章**

修正アドバイス

専門用語の使い方、プロとしての言い回しを意識する。
第三者の発言と本文が混ざらないよう、句読点に注意する。

✔ 修正例

介護支援経過

○月○日　電話連絡　入院

12：30　サービス協会○○氏から電話連絡。1) ヘルパーさんより、2) 活動に行ったが、ベッドで座ったまま動くことなく反応が**なく、認知症状が進んでいるかもしれない**3) と報告があったので、訪問看護に連絡をしたほうがよいかと電話があった。**協議の結果、**4) ○○氏から訪問看護△△氏に電話、**様子を見に行ってもらった。**5)

13：40　△△氏から救急車で××病院に搬送と電話があった。

17：30　娘から感染脳症で意識が**混濁していた、**6) 入院となったと報告がある。△△氏、○○氏に連絡し、**引き続き情報共有することを確認した。**7)

○月○日　××病院　入院

　××病院に入院情報提供を提出した。

　病棟を訪問。**顔がむくんでいた。昨日のことは覚えていないとのことだった。**8)

　病室に娘夫婦もいて、退院後も一人なので**夜が心配、と語られた。**9) **費用は発生するが**10) 療養型の相談もできるので、相談室で相談するよう伝えた。

▶1
読み手にわかりやすいように、文章はシンプルにする。

▶2
ヘルパーさんからの報告の伝聞であるとわかるように書く。

▶3
専門職の記録にふさわしい表現にする。

▶4
支援者が関わったことがわかるように記載する。

▶5
誰の行為か、わかるように書く。

▶6
娘からの報告が続くので、句点でなく読点にする。

▶7
今後のアクションプランを記載する。

▶8
支援者の観察と本人の言をはっきりと書き分ける。

▶9
姉夫婦が心配しているとわかるように書く。

▶10
専門職の記録にふさわしい表現にする。

49 関係者からの報告

KeyPoint **話者が不明** アセスメント 連携 対応が不明

▶ 元の記録

○月○日

　○○病院医療連携部△△相談員より電話。

診療は継続して○○病院で行う。褥瘡処置のための訪問看護ステーションについて、**CM から家族に情報提供をしてほしい。**a)

○月○日

　○○病院医療連携部△△相談員より電話。

　本日院内でカンファレンスがあったので報告。b)

・**リハビリは安定。自宅内で小さい段差がある場合は注意**c)。

　△△氏としては自宅玄関前に段差があると聞いており、**スロープは必要。**d)

・褥瘡処置は妻の手当てで**問題ない。**e) ただ、確実に行えているのか看護に**診てもらったほうが良い**f)。もし入浴についても**訪問看護が要るよ**うなら g)**依頼を勧める**h)。指示書は**当院**i)で記載します。

・立位不安定だが上肢は健常。

　ピックアップ歩行器使用で可。**体調により車いす使用を**j)。

・**この調子であれば、予定どおり明後日に退院できます**k)。

▶a
相談員からの依頼に対して、どう対応しようと考えているのかわからない。

▶b
相談員からの電話と書かれているが、入院先の病院での出来事だとわかりづらい。

▶c, e, f
誰の意見なのかわからない。

▶d
病院内で共有された情報共有なのか、ケアマネへの依頼なのか、不明。

▶g
誰が判断することなのかわからない。

▶h
誰が誰に対して依頼を勧めているのかわかりづらい。

▶i
「当院」がどこを指しているのかわかりづらい。

▶j
意見なのか、指示なのかが不明。

▶k
この情報がどういうアクションにつながるのか、わからない。

記録の実際74 事例と解説 **3章**

修正アドバイス

連携が情報共有化、依頼または指示なのか、役割分担を明確にする。
関係者からの情報に対応したこともわかるように書く。

✔ 修正例

〇月〇日

　〇〇病院医療連携部△△相談員より電話。

診療は継続して〇〇病院で行う。創部処置のための訪問看護ステーションについて、CMから家族に情報提供をしてほしい、との依頼で、家族に次回連絡する際、対応する。[1]

〇月〇+1日

　〇〇病院医療連携部△△相談員より電話。

本日の〇〇病院内カンファレンスで確認された内容について報告があった。[2]

・リハビリは安定。自宅内で小さい段差がある場合は注意。

・褥瘡処置は妻の手当てで問題ない。確実に行えているかの確認と入浴介助について〇〇病院としては訪問看護の依頼を勧める[3]。導入の場合は指示書は〇〇病院[4]で記載します。

・立位不安定だが、上肢は健常。

・この調子であれば、予定どおり明後日に退院できます。

以上を受けて、[5]

　△△氏としては自宅玄関前に段差があると聞いており、スロープは必要とのこと。導入について改めて検討することにした。[6]

歩行は[7]ピックアップ歩行器使用で可。体調により車いすを使用することとする[8]。

▶1
相談員からの依頼へどうアクションを取るかを書く。

▶2
入院先の病院での出来事についての報告とわかるように書く。

▶3
誰が誰に対して依頼を勧めているのかわかるように記載する。

▶4
指示書を誰が作成するのか、わかるように書く。

▶5
報告内容とそれを受けてのアクションは分けて書いたほうがわかりやすい。

▶6
ケアマネ主導で検討するという意図がわかるように書く。

▶7
何についてのコメントかわかるように加筆する。

▶8
同意事項とわかるように書く。

151

50 高齢者女性の晩酌

KeyPoint アセスメント　主観的な表現

▶ 元の記録

〇月〇日　定期訪問

　定期訪問実施。本人宅を訪問し、本人と面談。
伺う a) と本人片づけをしているところで、「妹にも体のために動いたほうが良いって言われる」と本人から伺う。b) デイサービスは以前のところよりもしっかりと運動ができるので良いと話される c) 。

　趣味の話やご主人の話などを伺う d) 。

　次月の予定を説明し、利用票を確認捺印いただき一部交付する。e)

〇月〇日　定期訪問

　定期訪問実施。本人宅を訪問し本人と面談。
「これからもデイサービスで運動して、引き続き頑張りたい」との話がある。

　妹との晩酌が楽しみということで f) 、ご家族関係は良好だと伺える。今後もデイサービス通所を継続して体力の低下を防ぐようにしていく。g)

　次月の予定を説明し、利用票を確認、捺印いただき一部交付する。h)

▶a, b
「伺う」という言葉が、訪問する、と、聞く、の両方の意味で使われているが、連続するとわかりづらい。

▶c
終わった話なので、時制は過去形でそろえる。

▶d
いろいろ話した、ということを何のために記録しているのか、意図が不明。

▶e
継続にあたっての支援者の評価がわからない。

▶f
高齢者女性であっても問題飲酒のリスクは評価が必要。

▶g
支援者としての評価が不明。

▶h
対応ずみなのか、これからやろうとしているのかわからない。

記録の実際74　事例と解説　**3章**

> **修正アドバイス**
>
> 安定しているケースでも定期的に評価はする。
> 支援者の思い込みで重要なアセスメントを怠らないようにする。

✔ 修正例

〇月〇日　定期訪問

　定期訪問実施。本人宅を訪問し、本人と面談。

〈モニタリング〉

　伺うと本人片づけをしているところで、「妹にも体のために動いたほうが良いって言われる」と言われた。[1] デイサービスは以前のところよりもしっかりと運動ができるので良いと話された 。[2]

　趣味の話やご主人の話などを伺った 。[3] 快活に細かい事実関係を正確に話された。体力も気力も回復されている様子で、プランの継続が妥当と思われた[4] 。

　次月の予定を説明し、利用票を確認捺印いただき一部交付した [5] 。

〇月〇日　定期訪問

　定期訪問実施。本人宅を訪問し本人と面談。「これからもデイサービスで運動して、引き続き頑張りたい」との話があった [6]。

　ご家族関係は良好なようで、妹との晩酌が楽しみとのこと、なおビール1缶を娘と半分ずつ飲んで酒量に変化はないとのことだった[7] 。

　デイサービスの内容に満足しており、体力が維持されていて、継続意欲も顕著であった。[8] 今後もデイサービス通所を継続して体力の低下を防ぎ、良好な家族関係の維持を図っていくこととした。[9]

　次月の予定を説明し、利用票を確認、捺印いただき一部交付した。[10]

▶1
わかりやすいように言葉を使い分ける。

▶2, 3, 5, 6
時制を過去形でそろえる。

▶4
話の様子から認知機能や精神機能が十分と判断したのであれば、その評価を記載し、それがプランの継続につながると明記する。

▶7
高齢者女性であっても問題飲酒のリスクは評価が必要。

▶8
支援継続を裏付ける評価を言語化して書く。

▶9
体力面の回復だけでなく、精神面、社会面の回復についても言及する。時制は過去形でそろえる。

▶10
時制を過去形でそろえる。

153

51 家族からの新規依頼

KeyPoint　具体的でない　家族の言動　話者が不明

▶ 元の記録

〇月〇日【新規依頼】

　妹様 a) から電話。退院したらベッドやら歩行器やら必要だと思って役所へ相談に行ったら b) ケアマネジャーを頼むよう説明され、リストを渡された c) 。

　ここのところ体調が悪くてぐずぐず言っていたのを、d) 原因がわからず病院をいくつか受診、セカンドオピニオンと思って、〇〇病院へ行ったらすぐ入院となり、末期の胃がんと言われて緊急手術しだいぶ取った。e) いろいろなことが急に決まるので、早めに対応したくて連絡した f) 。

　事業所内で検討、△△が担当となる。

　妹様 g) へ電話で、担当させていただくこと伝えた。

　妹様 h) より、「〇〇病院では、以前今月末に退院と言われたが、管から血が出ているのでまだ退院しないと言われた。その血の量が減ってきたので、i) 急に退院すると言われるのではないかと気になって」と話あり。

　CM から妹様 j) へ、病院の医療相談員か退院調整看護師のような担当者がいると思われるので、次回の面会時に CM を依頼したことと、連絡先をお伝えいただきたい旨 k) お願いし、了承いただいた。また退院の話が出た時点で連絡いただくようお願いした。

▶a, g, h, j
シンプルな呼び方を検討する。

▶b
記録はわかりやすく書く。

▶c
誰のアクションかわからない。

▶d
表現が冗長。記録すべき内容か、吟味する。

▶e
妹の語りの引用とわかるように書く。

▶f
誰のアクションかわからない。

▶i
記録すべき内容かどうか、吟味が必要。医療情報であれば正確に記載したほうが良い。

▶k
記録はシンプルな表現で書く。

記録の実際74　事例と解説　**3章**

修正アドバイス

発言内容の記載が冗長にならないように注意する。
引用する場合はカギカッコで明記する。

✔ **修正例**

○月○日【新規依頼】

妹[1] から電話。以下、妹の談。[2]
退院後必要なベッドや歩行器について役所へ相談に行ったら[3] ケアマネジャーを頼むよう説明され、リストを渡された[4]。
ずっと体調が悪かったが、[5] 原因がわからず病院をいくつか受診、セカンドオピニオンと思って、○○病院へ行ったらすぐ入院となり、末期の胃がんと言われて緊急手術し「だいぶ取った」。[6] いろいろなことが急に決まるので、早めに対応したくて連絡した[7]。

事業所内で検討、△△が担当となる。
妹[8] へ電話で、担当させていただくこと伝えた。
妹[9] より、「○○病院では、以前今月末に退院と言われたが、急に退院すると言われるのではないかと気になって」と話あり。
CMから妹[10] へ、次回の面会時に病院の担当の医療相談員か退院調整看護師にCMを依頼したことと、連絡先をお伝えいただきたい旨[11] お願いし、了承いただいた。また退院の話が出た時点で連絡いただくようお願いした。

▶1, 8, 9, 10
シンプルな呼び方で統一する。

▶2, 4, 7
妹が語ったとわかるように明記する。

▶3, 5, 11
シンプルに記載する。

▶6
妹の語りの引用とわかるようにカギカッコをつける。

155

52 家族からの電話

KeyPoint 具体的でない　対応が不明　話者が不明

▶ 元の記録

〇月〇日

ご長女様 a) から電話。

「病院の相談員から電話あったか？」と問い合わせあり。まだ病院から連絡はない旨返答した。b) ご長女様 c) より、退院についてはまだ決まっていないが、何か一本連絡は入っていたのか聞きたかったとのこと。d) 要介護認定について役所に聞いてみたところ、認定について結果は電話では答えられないと e) 返答があった。結果がわからないと動けないと思い詳しく聞いてみたところ f)、「ベッドぐらいは借りられそうです」g) との返答があったと話あり。

　自宅に帰る具体的な日程は聞いていないが、中旬には退院するのではないかと自分は考えている。今のうちに借りられるものを揃えたり、住宅改修について打ち合わせをしておきたい。h)

CM より

　介護保険証が届いたらお知らせいただき、退院前に一度ご自宅へ家屋調査に伺いたい旨返答し了承いただいた i)。

▶ a, c
シンプルな呼び方を検討する。

▶ b, d
記録はわかりやすく。ここまで書く必要があるか要検討。またこの訴えに対してアクションを取ったのであれば明記する。

▶ e
伝聞の伝聞で、誰の意見かわかりづらい。また表現が冗長。

▶ f
誰のアクションかわかりづらい。

▶ g
カギカッコで伝聞であることを明記すると、内容について確実だと理解したように読める。聞き手が誤解している場合もあるので、書き方に注意。

▶ h
なぜここは箇条書きになっていないのか。ここまでと書きぶりを変えているのに意図があるのか、たまたまなのか、わからない。

▶ i
家族からの情報を受けて、どう判断したのか、具体的にアクションを取ろうとしているのかわからない。

記録の実際74　事例と解説　**3章**

> **修正アドバイス**
>
> 利用者や家族の発言はシンプルに記載する。
> 第三者の発言は話者がわかるように、地の文と混同しない。

✔ 修正例

○月○日

長女[1] から電話。以下長女談。[2] [3]

・ 病院の相談員から電話あったか。退院についてはまだ決まっていないが、連絡は入っていたのか聞きたかった。

・ 病院から一時外出の話もあったが、うちは階段もあることから断った。自宅に帰る具体的な日程は聞いていないが、中旬には退院するのではないかと考えている。

・ 申請した要介護認定の結果について、役所に聞いたところ、認定結果は電話では回答できないと返答があった。準備したいのでと詳しく聞くと、ベッドぐらいは借りれそう、[4] との返答があった。

・ 今のうちに借りられるものを揃えたり、住宅改修について打ち合わせをしておきたい。

以上を受け、まだ病院から連絡はない旨返答し、必要であれば相談員に話していただくよう伝えた。[5]

CM より

介護保険証が届いたらお知らせいただき、退院前に一度ご自宅へ家屋調査に伺って、その際、退院後必要なもの、自宅改修についても打ち合わせる旨返答し了承いただいた。[6]

▶1
シンプルな呼び方に統一する。

▶2
話者がわかるように明記する。

▶3
家族の話をそのまま書くのではなく、病院とのやり取り、役所とのやり取り、CMへの要望に箇条書きにして整理する。

▶4
カギカッコははずし、不用意に強調しない。

▶5
対応がわかるように記載する。

▶6
家族の要望に応えるアクションがわかるように書く。

157

53 担当者引継ぎの訪問

KeyPoint 関係者の言動 アセスメント 対応が不明 具体的でない

▶ 元の記録

〇月〇日【初回訪問】

　〇〇の△△氏が退職となるため、引継ぎ訪問を行った a)。同時に××支援センターの□□氏も定期訪問のため同席された。

　□□氏が本人の体の動きを確認、瞬発力は低下しているが筋力は維持。ストレッチをすることが重要と指導された。体重57kg b)。

　車椅子を2台介護保険で利用、理由について確認した。c) お試しで歩行器を利用していたが本日返却となる d)。

　痰によるむせ込み続く、痰の吸引について□□氏が説明された e)。訪問リハビリについても□□氏が勧めた f)が、状態が悪くなったことを実感したくないとの理由で見合わせることとなった。g)

　今回訪問に要した時間が1時間程度であり、本人の体力的にはちょうどの時間であった。体力面を考えて契約書はお預けして妻とご確認いただくようになった。h)

　訪問後関係事業所の介護プラザの●●氏に担当が変わったことを連絡し、サービスの変更の必要性 i)についても確認した。現状は変更に必要が無く、j)〇〇の△△氏の計画書の内容を継続することとなった。

▶a
何が引き継がれるのかわかりづらい。

▶b
アセスメントと介入が混在していてわかりづらい。アセスメントと介入がマッチしていいない。

▶c
何の理由かわかりづらい。また確認した内容がなぜ書かれていないのか、わからない。

▶d
なぜ返却するのかわからない。

▶e
むせ込みが続くことについて、吸引の説明で十分な対応なのか、わかりづらい。

▶f
既に決まっていることを促したのか、新規の提案なのか、わかりづらい。

▶g
現場の意見で判断してよい内容なのか、代替案は不要なのか、わかりづらい。

▶h, i
言い回しが冗長。

▶j
訪問時の情報を共有した上での判断か、不明。

記録の実際74　事例と解説　**3章**

> **修正アドバイス**
>
> 他の支援者の言動は、なぜ書くのか、どう書くと誤解されないか、意識する。
> 方針を変更する場合は、その判断理由を明記する。

✔ 修正例

〇月〇日【初回訪問】

　〇〇の△△氏の退職に伴い、私が担当になるため、引継ぎ訪問を行った[1]。同時に××支援センターの□□氏も定期訪問のため同席された。

　□□氏が本人の体の動きを確認、瞬発力は低下しているが筋力は維持。体重57kgで変わりなし。ストレッチをすることがリハビリのため重要と指導された。[2] 訪問リハビリについても□□氏が提案した[3] が、状態が悪くなったことを実感したくないとの理由で見合わせることとなり、ストレッチに注力いただくよう促した。[4]

　痰によるむせ込み続いており、□□氏が痰の吸引について説明され、改善しなければ主治医に相談するよう勧められた。[5]

　車椅子は介護保険で利用、室内用と室外用で2台必要という理由について確認した。[6] お試しで歩行器を利用していたが使わなかったとのことで、本日返却となる。[7]

　今回訪問時間が1時間程度であり、本人の体力的にはちょうどの時間のようであったので、契約書はお預けして妻とご確認いただくこととし、次回訪問時に受け取ることにした。[8]

　訪問後関係事業所の介護プラザの●●氏に担当が変わったことを連絡し、サービスの変更[9] についても確認した。訪問時の□□氏のアセスメントを共有した上で現状は変更に必要が無いと判断し、[10] 〇〇の△△氏の計画書の内容を継続することとなった。

▶1
何の引き継ぎかわかるように書く。

▶2
アセスメントと介入は分けて書く。

▶3
新規の提案とわかるように書く。

▶4
現場の意見で判断してよい内容なのであれば、代替案を示す。

▶5
単なるサービスの説明でなく、今後のアクションへのつながりがわかるように書く。また関係者の関わりについてはまとめて書いたほうがわかりやすい。

▶6
理由を確認したのであればわかるように書く。

▶7
なぜ返却になったかわかるように書く。

▶8
表現をシンプルにする。また自分のアクションを明記する。

▶9
表現をシンプルにする。

▶10
訪問時の情報を共有したことを明記する。

54 サービス変更の依頼

KeyPoint 連携　主観的な表現　家族の言動　話者が不明

▶ 元の記録

〇月〇日【モニタリング】

　自宅にて本人、妹と面談。本人に様子を伺うと「安心のためにも履いていた紙パンツは、使わなくなったと感じたので断りの電話を入れました a)。夜は眠りが浅く、めまいがすることがあるのでお薬を飲み始めましたが、無理しないようにと様子見て昼寝もしています b)」と。

　食欲がないと妹が話されていたが、食べられるようになったため c)、新たに何かしなければならないとは感じていない d)。
その他家事援助について相談あるとのことで、内容を伺うと、「水回りや玄関などしっかり掃除してほしい」とあり。妹は習慣的に本人の期待どおりの掃除を行っていないが、e) 健康で地域活動できている状態のため、介護保険の対象にはならないとケアマネジャーとして判断した f)ことと、本人が望む掃除後の状況は掃除のプロへお任せするほうがかなうのではないかと考え g)、一般の業者へ依頼することを提案。もし一緒に行いたいようであれば社協のふれあいサービスもあると合わせて伝えたところ、本人より「よく広告も見るし、業者さんのプロに頼んでみようと思う」と返答があった。h) 妹からは「私は細かいところの掃除まで手が回らないんです。本人のやりたいように、任せます」と話あり。

　本人、妹と〇月分サービス利用表及び別表の内容を説明・確認、本人・妹から承認が得られ捺印をいただき配布し居宅サービス計画書に沿ってモニタリングを実施した。i)

▶a
表現が冗長。また本人の報告をどう支援計画に反映させるのかわからない。

▶b
本人の判断で薬を飲み始めたのか、主治医が了解しているのかわからない。

▶c, d
誰の意見かわからない。

▶e
表現がわかりづらい。

▶f
そもそもどういう依頼なのか、医療情報が無い状態で「判断」することがケアマネジャーとして適正なのか、不明。

▶g, h
表現が冗長。

▶i
今回の訪問についての記載であれば、文頭にある方がわかりやすいし、別のサービスについて言及しているように読める。

記録の実際74　事例と解説　**3章**

> **修正アドバイス**
>
> 専門職としての業務内容と責任範囲に注意する。
> 話の経過をそのまま記録するのでなく、すっきりとまとめて書く。

✔ 修正例

〇月〇日【モニタリング】

　自宅にて本人、妹と面談。〇月分サービス利用表及び別表の内容を説明・確認、本人・妹から承認が得られ捺印をいただき配布し居宅サービス計画書に沿ってモニタリングを実施した。[1]

　本人に様子を伺うと「安心のためにも履いていた紙パンツは、使わなくなったので断りの電話を入れました。夜は眠りが浅く、めまいがすることがあるのでお薬を飲み始めましたが、無理しないようにと様子見て昼寝もしています」と。

　食欲がないと妹が話されていたが、自分では[2]食べられるようになったため、新たに何かしなければならないとは感じていないとのことだった[3]。先週の主治医受診の際に、以上情報は共有したとのこと。[4] [5]

　その他家事援助について相談あるとのことで、内容を伺うと、「水回りや玄関などしっかり掃除してほしい」とあり。妹に対し介護保険の適用が可能か相談を受けたが、[6]健康で地域活動できている状態のため、介護保険の適用は難しいだろうとケアマネジャーとしてお伝えした。[7] 掃除は、[8]一般の業者へ依頼することを提案。本人より「プロに頼んでみようと思う」と返答があった。もし一緒に行いたいようであれば社協のふれあいサービスもあると合わせて伝えた。[9] 妹からは「私は細かいところの掃除まで手が回らないんです。本人のやりたいように、任せます」と話あり。

▶1
文頭に移動。この訪問の説明だとわかりやすいように書く。

▶2, 8
表現はシンプルにする。

▶3
本人の発言とわかるように書く。

▶4
本人からの伝聞とわかるように書く。

▶5
体調変化について、主治医に報告した上で対処していることを確認した、とわかるように書く。

▶6
そもそもの問い合わせ理由がわかるように書く。

▶7
情報が十分にない状況なので、不可と判断したのではなく、困難と伝えるにとどめる。

▶9
表現はシンプルに。複数の話題は分けて書く。

55 家族が同席しての訪問

KeyPoint 対応が不明 アセスメント 家族の言動 連携

▶ 元の記録

〇月〇日【モニタリング訪問】

　〇〇リハのプログラムの負荷が強くなった。腿上げをして5秒間キープするなど、筋力をつけるために取り組んでいる。

- 本人より、[a) 細かな指先の動きが以前より**手こずることが増えてきた。** [b) **ボタンを留めたり、箸を持つのもその日によって大変な日もある。** 足の運びも日によって**極端に差がある。**[c)
- 長女より相談。本人が自宅で過ごす時間、昼寝をして2時間くらい寝てしまう。医師からは30分以内に収めるように言われているが、ずるずると寝たり起きたりしているので**気がかり**[d)。
- 本人より、[e) ボタンのかけ外しはこれからも自分で続けたい。指先のトレーニングが〇〇リハでできることは知っているが、指先を増やすと体のプログラムを減らさなければいけないので**迷っている 。**[f)
- 長女より、[g) 自宅でセルフトレーニングのメニューを皆で考えても**続かない**[h)。**きっかけが必要**[i) 。

　ケアマネより〇〇リハの利用追加を提案。毎（金）**希望。**[j)
　〇〇リハ△△氏へ相談。（金）追加可能。**曜日を決めてもらいたい**[k)。

▶ **a, e, g**
読点だと発言の引用とわかりづらい。

▶ **b, f**
本人から体調変化が訴えられているが、支援者の見立てや対応がわからない。

▶ **c**
表現が冗長。

▶ **d**
家族から相談されているのに、支援者の評価や対応がわからない。

▶ **h**
家族の疾病理解不足による訴えなのか、妥当な観察なのか、わからない。

▶ **i**
家族が都度リマインドしないといけない、という意味なのか、状況がわかりづらい。

▶ **j**
誰の希望かわかりづらい。

▶ **k**
すでに毎週金曜日で、と打診しているのに、この回答を記載しているのは、何か意図があるのかわからない。

修正アドバイス

本人や家族からの要望は、評価して対応しているとわかるように記載する。
関係者との連携は意図を明確に書く。

✔ 修正例

〇月〇日【モニタリング訪問】

- 本人より。[1)]〇〇リハのプログラムの負荷が強くなった。腿上げをして5秒間キープするなど、筋力をつけるために取り組んでいる。[2)] 細かな指先の動きが以前より手こずることが増えてきた。**ボタンを留める、箸を持つ、足の運びに、日によって極端に差がある。**[3)] ボタンのかけ外しはこれからも自分で続けたい。指先のトレーニングが〇〇リハでできることは知っているが、指先を増やすと体のプログラムを減らさなければいけないので迷っている。

- 長女より。[4) 5)] 自宅でセルフトレーニングのメニューを皆で考えても**本人がやる気がなくて続かない**[6)]。きっかけが必要で、**トレーニングするようきっかけを作ってほしい**[7)]。本人が自宅で過ごす時間、昼寝をして2時間くらい寝てしまう。医師からは30分以内に収めるように言われているが、ずるずると寝たり起きたりしているので気がかり。

  きっかけづくりとして、[8)] ケアマネより〇〇リハの利用追加を提案。**本人は（金）毎週で希望された。**[9)]

  〇〇リハ△△氏へ相談。**定期的な利用であれば曜日を決めてもらいたいとのことで（金）追加した**[10)]。**リハビリの内容について、本人の変化と懸念を伝え、検討いただくよう依頼した。**[11)]

  家族からの相談について、本人の病状を再度説明し、やる気に関わらず運動が困難なことを伝えた。昼寝で寝すぎることは医師にフィードバックして対策を相談するよう勧めた。[12)]

▶1, 4
句点にして引用とわかるようにする。

▶2
本人の話はまとめて書く。

▶3
シンプルな表現にする。

▶5
家族の話をまとめて書く。

▶6, 8
因果関係がわかるように書く。

▶7
家族からの要望とわかるように書く。

▶9
本人の希望を書く。

▶10
やりとりの意図がわかるように書く。

▶11
本人からの訴えをどうアセスメントして対応したか、わかるように書く。

▶12
家族からの相談をどうアセスメントして対応したか、わかるように書く。

56 –❶ セルフネグレクトの疑い

KeyPoint **リスクアセスメント** 関係者の言動　家族の言動　対応が不明

▶ 元の記録

〇月〇日【連絡】

　デイ〇〇より**衣類について** a) 相談の連絡ある。

・「おそらく3週間以上一緒の服を着ている。シャツは着替えているが、肌着、ズボン、靴下が一緒だと思う」**とのこと。**b)

・本人に声かけしても怒ってしまう**状況があり** c)**対応について相談ある 。**d)

・ヘルパーに更衣の声掛けや、デイ用かばんに衣類等を**入れてもらえないか相談ある。**e)

・本人の認知症、洗濯の状況等について**確認する。**f)

　△△在宅□□サ責へ相談の連絡をする。

　デイサービス用の衣類準備（肌着、ズボン）、本人への声かけ、確認をお願いする。

（更衣の声かけは本人が怒ってしまう**可能性があるため** g)、衣類の準備をお願いする）

▶a
相談のきっかけは衣類についてだが、本人の認知機能についての相談である。専門職としてそれに気づいたとわかるように書く方が良い。

▶b
関係者からの情報なので、あえて引用にする必要はない。

▶c
表現が冗長。

▶d　誰の対応について誰に相談しているのか、わかりづらい。

▶e
誰が誰に依頼をしているのか、わかりづらい。

▶f
誰が何を確認したのか、これからしようとしているのか、わからない。

▶g
誰の意見なのかわからない。

記録の実際74　事例と解説　**3章**

> 【修正アドバイス】
>
> 気になる言動は、それをどう見立て、フォローしたのか、わかるように書く。
> 関係者との役割分担を明確にする。

✔ **修正例**

〇月〇日【連絡】

デイ〇〇より**相談** [1]。

- おそらく3週間以上一緒の服を着ている、シャツは着替えているが、肌着、ズボン、靴下が一緒だと思う**。**[2]
- 本人に声かけしても**怒ってしまうため**[3] デイでの対応に**困っている**[4]。
- ヘルパーに更衣の声掛けや、デイ用かばんに衣類等を入れるなど依頼して**もらえないか**[5]。

　以上を受け、本人の認知症、洗濯の状況等について、**当方が姪等関係者に確認し、共有して対応を検討することとした。**[6]

　△△在宅□□サ責へ相談の連絡をする。

　更衣の声かけは本人が怒ってしまう**可能性があり難しいとのことで**[7]、デイサービス用の衣類準備（肌着、ズボン）、本人への声かけ、確認をお願いする。

▶1
衣類だけの相談ではないので、限定的にしない。

▶2
引用よりも伝聞で書いたほうが文章がシンプルになる。

▶3, 4, 5
シンプルな表現にする。

▶6
ケアマネがどういうアクションを取ろうとしているか、わかるように書く。

▶7
先方の意見であったとわかるように書く。

56-②　セルフネグレクトの疑い

KeyPoint　リスクアセスメント　関係者の言動　家族の言動　対応が不明

▶元の記録

〇月〇日【連絡】

姪へ連絡を取り状況確認する。h)

・デイサービスから報告のあった、衣類着替えていない様子、洗濯の状況等について確認する。

・姪も最近、洗濯物を干してあるところを見ていない。i) おそらく本人洗濯していない（できない？）j)とのこと。

・不定期であるが、姪が訪問時に洗濯実施してくれることとなる。姪がハンガーに干した衣服をヘルパー、デイサービス職員がかばん等へ入れて対応することとする。k)

・姪と本人の判断力や物忘れ等認知症の進行について確認する。本人へ指示や声かけするとプライド高く l) 怒ってしまい対応が難しくなっていることなど、本人の状況について確認する。m)

▶h
単なる確認でなく、支援者からの情報を家族に伝えたと記録に残すことが重要。

▶i
姪の弁の引用であれば読点にする。

▶j
記録の文章は完結させる。クエスチョンマークで終わらせない。姪がわからないのか、支援者がわからないのか、不明。

▶k
洗濯や衣服のことに焦点が当たって、それが問題の本質であるような印象を与える。

▶l
記録に適切な表現か、検討が必要。

▶m
セルフネグレクト含め、認知症のアセスメントが十分だと読めないし、その懸念を姪に十分に共有していると伝わらない。また確認後のアクションがわからない。

記録の実際74　事例と解説　**3章**

✅ 修正例

〇月〇日【連絡】

姪へ連絡を取り状況確認する。

- デイサービスから報告のあった、衣類着替えていない様子を**伝え、洗濯の状況等について情報を聞き取った。**[8]

- 姪も最近、洗濯物を干してあるところを見ていない、[9] おそらく本人は洗濯していないし、**できなくなっているのではないか、**[10] とのこと。

- 姪と本人の判断力や物忘れ等認知症の進行について確認する。**本人へ指示や声かけすると**[11] 怒ってしまい対応が難しくなっていることなど、**姪より聞き取った。支援者間でも体調の悪化や判断力の低下が懸念されていることを共有し、医師に相談するよう勧めた。**[12]

- **なお、衣服については**[13]、不定期であるが、姪が訪問時に洗濯実施してくれることとなる。姪がハンガーに干した衣服をヘルパー、デイサービス職員がかばん等へ入れて対応することとする。

▶8
支援者からの情報を家族に伝えて情報収集したと明記する。

▶9
姪の弁のため読点にする。

▶10
姪がわからないと言っていると、わかるように書く。

▶11
「プライド高く」は削除。

▶12
認知症の進行について、姪と懸念を共有し、医療介入を促したと記録に残す。

▶13
洗濯や衣服は付随的なことなので、そうとわかるように、最後に書く。

57 怠薬の可能性

KeyPoint 連携 リスクアセスメント

▶ 元の記録

F： 薬

D： 診察の終わりになり、薬が切れ始めたところで「やっぱり薬を増やしてもらったほうが良かったかしら」との訴え

A： 薬が切れてきたら「増やして」と思い、薬が効いていれば「減らして」と思うのではないか [a]

R： そうよね。そういうふうに思って、自然なのね、と**安心される**。[b]

▶a
利用者の主観的な訴えと決めつけている。

▶b
処方の懸念について、誰にも報告していない。

修正アドバイス

連携が必要になる情報の記載は慎重にする。

✔ 修正例

F： 薬

D： 診察の終わりになり、薬が切れ始めたところで「やっぱり薬を増やしてもらったほうが良かったかしら」との訴え

A： 薬が切れてきたら「増やして」と思い、薬が効いていれば「減らして」と思っている可能性があるが、処方が適切でない可能性もある。[1]
治療について、主治医と十分に意見交換出来ていないのではないか。[2]

R： 「そうよね。そういうふうに思って、自然なのね」[3]、と安心された一方、「先生には言いづらいわ」と話された。次回受診時にこちらが話題を振りましょうね、と提案すると、「それなら話せるかも」と言われた。[4]

▶1
利用者の思い込みだけでなく、処方が適切でない可能性についても言及している。

▶2
利用者の懸念が医師に伝わっていない点を指摘している。

▶3
話者を明確にするために、カッコを挿入。

▶4
利用者主体で医師と情報共有することを促し、次回受診時に向けてアクションプランを提示している。

記録の実際74　事例と解説　**3章**

58 介護者の不安

KeyPoint 家族のアセスメント　話者が不明　具体的でない

▶ 元の記録

訪問する。

元気に歓迎してくれる。

いろいろと私に質問してくれる。a)

主たる介護者は体力が落ちてきた不安を口にする。b)

▶a
具体的な内容がわからないため、何をアセスメントしようとしたのか、伝えたかったのかが不明。

▶b
介護者からの不安について聞きっぱなしになっている。

修正アドバイス

アセスメントの根拠は具体的に記載する。

✔ 修正例

訪問する。

元気に歓迎してくれる。

最近の私の仕事や、天気の話など1)いろいろと私に質問してくれる。

主たる介護者は体力が落ちてきた不安を口にする。

Ⓐ: **利用者の認知機能は十分な様子であった。介護者自身では介護が賄い**
　　きれなくなる可能性がある。2)

Ⓟ: **次回、サービスを見直して介護者の負担を軽減し、自宅生活が継続で**
　　きるよう検討する。3)

▶1
具体的に話の内容を書いて、認知機能のアセスメントの根拠にする。

▶2
本人や家族の現状をアセスメントする。

▶3
アセスメントに対して必要なアクションプランを明記する。

169

59 介護者の体調

KeyPoint アセスメント 家族の言動

▶ 元の記録

〇月〇日　自宅訪問しモニタリング。本人、妻同席。

　妻の体調を確認する a)。あまりよくないが、頑張らないと仕方ない。本人はまだ泊りは行きたがらないので、と b)。次月利用票別表について説明、同意を得て交付した。

▶a
対象者である夫のモニタリングのはずだが、言及がない。何のために妻の体調を確認しているのかわからない。

▶b
聞きっぱなしで、今回得た情報を今後どう支援に生かそうとしているかがわからない。

修正アドバイス

介護者について記録する場合は、本人の支援にどう関係するかわかるように書く。

✔ 修正例

〇月〇日　自宅訪問しモニタリング。本人、妻同席。

　本人の様子に変化はないが、妻によるとショートステイはまだ行きたがらないとのこと[1]。介護負担が集中している[2]妻の体調を確認する。あまりよくないが、頑張らないと仕方ない、とのことで、継続的にフォローすることにした[3]。次月利用票別表について説明、同意を得て交付した。

▶1
対象者についてのモニタリングを行ったことをしっかりと記録する。

▶2
なぜ妻の体調確認が夫のケアに必要かを明記する。

▶3
聞きっぱなしにせず、今後のアクションプランを明記する。

施設での本人の日常生活

記録の実際74 事例と解説 3章

KeyPoint 主観的な表現　アセスメント　対応が不明

▶元の記録

〇月〇日
【ケータイがあらへん】a)

　食事のため、ホールの席につかれると「**な〜** b)、ちょっとなあ、探してもらわれへんやろうか」と話される。「ケータイがないんや。**どこやら〜いってしも〜た。**c)なんぼ探してもないんや」と困ったような表情で話される。探してみます、と居室入室する。**枕横というか** d)ほぼ下敷きになっており、ご本人にありましたよ、とお渡しする。「**あ〜** e)これで安心したわ。飯が腹いっぱい食えます。どうもありがとう」と**大きな声で言われる。**f)

▶a
支援内容を示すタイトルとしてわかりづらい。

▶b, c, d, e
記録の記載方法として適切か、検討が必要である。

▶f
このやりとりを記録することで、第三者に何を伝えたかったのか、支援者としての方針が不明である。

修正アドバイス
記録として誰の目に触れても良い表現を選ぶ。

✓ 修正例

〇月〇日
【**失くした所持品を探す**】1)

　食事のため、ホールの席につかれると「**なー** 2)、ちょっとなあ、探してもらわれへんやろうか」と話される。「ケータイがないんや。なんぼ探してもないんや」と困ったような表情で話される。探してみます、と居室入室する。**枕のほぼ下敷きに**3)なっており、ご本人にありましたよ、とお渡しする。「**ああ**4)これで安心したわ。飯が腹いっぱい食えます。どうもありがとう」と大きな声で言われる。**身の回りの物を失くしてスタッフが探すことが増えているので、情報共有し、今後注意する。**5)

▶1
身の回りの物を失くして探すことが増えた、といったことを伝えたいのであれば、その意図がわかるようなタイトルにする。

▶2, 3, 4
記録としてより適切な記載に変える。

▶5
記録の意図を明確に記載する。

171

61 住宅改修完了検査の記録

KeyPoint 主観的な表現　話者が不明

▶ 元の記録

〇月〇日

完了検査

　住宅改修の完成チェック、娘、改修内容を助言した病院PTと立ち会う。

　日程の制約がありながら、丁寧な仕事ぶりに感心する。a) 病院スタッフも同感した様子で結果をカメラで映していた。b) 明後日午後退院予定は大丈夫、c) 長男が休暇を取り車で迎えに出向くことになった。本人は非常に心待ちにしているとのことだった。d) 現場から帰る際にベッドの搬入車到着。e)

▶a
支援者の主観。本人の支援に関係のない感想が書かれている。

▶d
同上。病院スタッフの行動について憶測で書いている。

▶c
何が大丈夫なのかわからない。

▶d
誰からの情報なのかがわからない。

▶e
本人の情報と、それ以外の周辺情報が混在していると読みづらい。

修正アドバイス

記録は支援者のメモでないことに注意する。

✔ 修正例

〇月〇日

完了検査

　住宅改修の完成チェック、娘、改修内容を助言した病院PTと立ち会う。

　日程の制約がありながら、丁寧に改修されていた。1) 病院スタッフは結果をカメラで映していた。2) 現場から帰る際にベッドの搬入車到着。3)

　娘より、4) 明後日午後退院予定は長男が休暇を取り車で迎えに出向くことになった、また本人は非常に心待ちにしているとのことだった。5)

▶1, 2
事実についてのみ記載する。

▶3
本人以外の周辺情報をまとめて読みやすくする。

▶4, 5
情報源を明確にする。

62 関係者からの電話連絡

KeyPoint 連携　文章が中断　具体的でない

▶元の記録

〇月〇日
MSWより報告

　先ほど退院した旨病院MSWより電話の連絡。午前中は病院に訪問看護ステーションスタッフが調整連絡に来院していたと。a) 合併症もない b) が退院後しばらく医療職が入る c) ことの意味は重要 d) と考え e)、期間を限定して f) 入れることとした 。g)

▶a
文章は完結させる。

▶b
「も」ない、だと、他に何かないのか、気になって紛らわしい。

▶c, d, f
曖昧な表現。

▶e
誰の意見か不明。

▶g
誰の決定か不明。何を入れるのかがわからない。ケアマネに医療介入の決定権があるように読める。

修正アドバイス

支援方針を誰が決定するべきかに留意して記録する。

✓修正例

〇月〇日
MSWより報告

　先ほど退院した旨病院MSWより電話の連絡。午前中は病院に訪問看護ステーションスタッフが調整連絡に来院していたとのこと。1)
今後の方針 2)

　合併症はない 3) が退院後しばらく医療職が介入して 4) 念のためモニタリングする重要性から 5)、主治医と相談の上サービスを入れることとする。6) 期間については開始後検討する。7)

▶1
文章を完結させる。

▶2
MSWからの報告と、それに基づくケアマネの支援方針をわかりやすく分ける。

▶3
「は」ない、とする。

▶4, 5
表現を具体的にする。

▶6
誰が決めるのか明言する。

▶7
期間を今決めないのであれば、方針を示す。

63 施設での介助

KeyPoint **アセスメント** **具体的でない**

▶ 元の記録

〇月〇日
移動介助

　起居動作時、柵につかまり寝返りは可能であるが、腰や右肩、右足の痛みを訴えられ、自力での起き上がり困難で介助を要す。「動くとき、いつも右側が痛いの」「散歩で転んでから右側が動かなくなったのよ」と話され、家族からの情報とつじつまの合わない言動あり。[a]

▶a
「つじつまが合わない」と状況を断定することで、認知症、あるいは家族の作話と決めつけていると読める。具体的に家族が何と言っているかわかったほうが、本人の病態や家族を憶測することなく客観的な情報として伝えられる。

修正アドバイス

気になる事象については具体的に記録する。

✔ 修正例

〇月〇日
移動介助

　起居動作時、柵につかまり寝返りは可能であるが、腰や右肩、右足の痛みを訴えられ、自力での起き上がり困難で介助を要す。「動くとき、いつも右側が痛いの」「散歩で転んでから右側が動かなくなったのよ」と話される。家族からはトイレで転んだと情報があり、認識が合わない様子である。[1]情報共有し本人の認知機能と家族との関係に注意する。[2]

▶1
具体的に家族が何と言っているか簡単に触れて、話が合わないこと自体よりも、どう話が合わないかに焦点を当てる。

▶2
上記情報をもとに、支援者が何に気をつけようとしているのか、明記する。

記録の実際74 事例と解説 3章

64 家族からの電話と情報共有

KeyPoint 連携　アセスメント　家族の言動　対応が不明

▶ 元の記録

○月○日
家族より相談
　外出以来、毎日帰りたいと電話がかかってくると相談を受ける。外出時はスタッフ同行でアドバイスできたが、**いきなり退所という形ではなく、外泊して、本人、家族だけで評価をする必要があることを説明し** a)、**本人にも同様に伝える。** b)
スタッフへ説明
　焦りが出てきている様子 c) が見られるため、車椅子の操作ミスや**精神状態** d) に注意が必要であることを説明する。e)

▶a 表現がわかりづらい。
▶b 家族からの相談をどう解決したのかが不明である。
▶c 何に対する焦りなのかわからない。
▶d 何に注目すればよいのかわからない。
▶e スタッフには「注意」するよう「説明」する以上の関わりが必要。

修正アドバイス
読み手にわかるようシンプルな表現を心掛ける。

✔ 修正例

○月○日
家族より相談
　外出以来、毎日帰りたいと電話がかかってくると相談を受ける。外出時はスタッフ同行でアドバイスできたが、**外泊して、本人、家族だけで評価をした上での退所であることを説明した。**1) **本人にも同様に伝えたところ、納得された様子であった。**2)
スタッフへ説明
　退所を焦り無理に動こうとする様子3) が見られるため、車椅子の操作ミスや**イライラ、ふさぎ込むなどの変化**4) に注意し情報共有するよう依頼する。5)

▶1 わかりやすく、記録に沿う表現に変える。
▶2 家族からの訴えに対して、本人がどう反応したかを明記する。
▶3 何に対する焦りか、それにより何が起き得るかを明記。
▶4 本人の言動のどこに注目するか、具体的に書く。
▶5 スタッフにどういう対応を求めたか、具体的に記す。

175

65 施設内の様子の変化

KeyPoint **アセスメント** 具体的でない

▶ 元の記録

〇月〇日

　状態：気の合う方もいるが、言い合いになってしまう方もおり、「気を遣うのは嫌だ」と自室で過ごされ、そのままおやつも召し上がることが多くなっている。ADL は変化なし。歩行は安定してきている。

　判断および対応：居室で過ごされているときは、安全確認に伺っている。

〇月〇+7日

　状態：前回よりも混乱は少なくなり [a)]、ご自分なりの時間の過ごし方のパターンができ始め、自由にされている。[b)]

▶a
前回の記録からは混乱の様子は読み取れない。

▶b
前回は居室で過ごす時間が長いことが課題と感じていたように読めるが、それが解消したのかどうか、課題ではなくなったのか、わからない。

修正アドバイス

記録がその都度完結するよう、書き方を注意する。

✔ 修正例

〇月〇日

　状態：気の合う方もいるが、言い合いになってしまう方もおり、「気を遣うのは嫌だ」と自室で過ごされ、そのままおやつも召し上がることが多くなっている。ADL は変化なし。歩行は安定してきている。

　判断および対応：居室で過ごされているときは、安全確認に伺っている。

〇月〇+7日

　状態：他の方との衝突が減っている。[1)] ご自分なりの時間の過ごし方のパターンができ、自由に過ごせてリラックスした様子で、表情や言動が穏やかである。[2)]

▶1
記録がその都度完結するよう、他の記録はできるだけ引き合いに出さない。行動上の課題を明確に記載する。

▶2
本人が自由に過ごせるようになったことがプラスだと評価するのであれば、根拠とともにその旨を明記する。

記録の実際74 事例と解説 3章

66 家族同席の面接

KeyPoint 主観的な表現　対応が不明　具体的でない

▶元の記録

○月○日
家族同席で面談

　「田中さんとの面接はほんまに為になったわ。おおきに！塩分には気いつけとったけど、たんぱく質の取り過ぎもあかんな」a)と話されたが、元気なうちは商店街に出かけ、自分の目で食材（タコなど）を選びお好み焼きを楽しみたいとも言われ、やや危機感に乏しい b)と感じた。c)

▶a
本人の言をそのまま引用する必要があるか検討する。

▶b
なぜ危機感が乏しいと感じたのか、記載された言動からだけでは根拠が十分でない。

▶c
アセスメントに対して、アクションプランがない。

修正アドバイス
記録は支援者のメモでないことに注意する。

✓ 修正例

○月○日
家族同席で面談

　面接で、塩分だけでなくたんぱく質の取り過ぎもだめだとわかった、と感謝しつつ1)話されたが、元気なうちは商店街に出かけ、自分の目で食材（タコなど）を選びお好み焼きを楽しみたいとも言われた。家族から減塩して食べる量を減らすように言われると、それでは美味しくないと語り2)、やや危機感に乏しいと感じた。継続的に食事についてモニタリングする。3)

▶1
本人の言を要約し、記録にふさわしい表現にする。

▶2
なぜ危機感が乏しいと感じたのか、その根拠を記録する。

▶3
アセスメントに対するアクションプランを明記する。

177

67 家族に対する本人の不安

KeyPoint 話者が不明 アセスメント 具体的でない

▶ 元の記録

○月○日
自宅訪問

　自宅で妻と契約。居室の確認。
　妻の体調はあまりすぐれず。**退院後の不安がある。**a) 息子の嫁は手伝うと言うが、孫の世話もあるので迷惑を**かけたくないと。**b)
　自分で c)できることをやってみたい、無理なら嫁に自分から頼んでみる、と。退院後の介護は妻中心に考え、短期間で評価することとする。

▶a
ケアマネの印象なのか、妻の訴えなのか不明。

▶b
誰の言かわかりづらい。

▶c
妻のことか、本人のことか、誰のことなのかわかりづらい。

修正アドバイス

登場人物が複数いる場合は、誰の発言かわかりやすく書く。

✔ 修正例

○月○日
自宅訪問

　自宅で妻と契約。居室の確認。
　妻の体調はあまりすぐれず。退院後の不安がある、**と語った。**1) 息子の嫁は手伝うと言うが、孫の世話もあるので迷惑をかけたくないと**のことだった。**2)
　「自分でできることをやってみたい、無理なら嫁に自分から頼んでみる、」3)と。退院後の介護は妻中心に考え、短期間で評価することとする。

▶1
話者が妻であるとわかるように書く。

▶2
妻の言だとわかるように書く。

▶3
カギカッコを使って、妻の発言だとわかるようにする。

178

68 関係者の体調不良

KeyPoint 主観的な表現　記号　対応が不明

▶ 元の記録

○月○日　午後　△△氏より受電
　●●さん、腰を痛めてしまい対応**できなくなってしまった……。**^{a)}
　他スタッフ対応中だが、**移乗などが難しい。**^{b)}

○月○+4日　午前　△△氏より受電
　担当しているスタッフが腰を悪くしてしまい、**ドクターストップ。**^{c)}
　現状、他に対応できるスタッフがおらず、**娘にもその旨伝えている。**^{d)}
　PTに**報告。**^{e)}

▶a 記録として不適切な表現。話者が不明。
▶b 支援者が状況をどう判断したか不明。
▶c 記録として不適切。
▶d 何を伝えたのか不明。
▶e 現状報告だけで、事態を放置していたように読める。

修正アドバイス

記録に適したシンプルな表現を使う。
関係者からの情報にどのように対応したか、わかりやすく書く。

✔ 修正例

○月○日　午後　△△氏より受電
　●●さん、腰を痛めてしまい対応**できなくなったと報告あり。**¹⁾
　他スタッフ対応中だが、移乗などが難しいとのこと。**他の対応法について検討いただき、報告いただくよう依頼した。**²⁾

○月○+4日　午前　△△氏より受電
　担当しているスタッフが腰を悪くしてしまい、**医師より要休養の指示。**³⁾現状、他に対応できるスタッフがおらず、娘にも**その旨伝え、サービス継続方法について考えていただくよう依頼したとのこと。**⁴⁾
　PTに報告。**当面のサービス継続について、家族とも協議することを確認した。**⁵⁾

▶1 記録として適切な表現にし、伝聞だと明確にする。
▶2 支援者が状況をどう判断し、対応したかを記載する。
▶3 記録に適した表現にする。
▶4 具体的に娘に何を伝えたのか、詳細を書く。
▶5 現状報告以外にどういう対応をしたのか、書く。

69 施設での他の利用者とのやり取り

KeyPoint 第三者に関する表記　主観的な表現　対応が不明

▶ 元の記録

〇月〇日

【居室の場所がわからなかった？】 a)

　いったん居室方向に歩き出されるが、**田中氏** b) の席の後あたりで立ち止まり、きょろきょろされた後、ゆっくりと**佐藤氏** c) の居室に向かって歩き出される。「どうしたんですか？」と声をかけると、思い出したように「あぁ…」と向きを変えられ、居室に歩いて**行かれる。** d)

▶a
記録、しかも支援内容の見出しの表現としては不適切である。

▶b, c
他の利用者の名前を出す必要性が感じられない。

▶d
この本人の言動を受けて支援者がどう判断したか、どんな対応をしたかが不明。

修正アドバイス

第三者について記録する場合、それが本人の支援に必要な情報か吟味する。

✔ 修正例

〇月〇日

【混乱の可能性】 1)

　いったん居室方向に歩き出されるが、**別の利用者** 2) の席の後あたりで立ち止まり、きょろきょろされた後、ゆっくりと**また別の利用者** 3) の居室に向かって歩き出される。「どうしたんですか？」と声をかけると、思い出したように「あぁ…」と向きを変えられ、居室に歩いて行かれる。**混乱の可能性があるので、他スタッフと情報共有した。** 4)

▶1
支援内容の見出しとして、何を伝えたいか明確なものにする。

▶2, 3
他の利用者の名前は出さない。

▶4
本人の言動に対する支援者の判断と対応を明記する。

180

本人の体調不良と家族の不安

KeyPoint 主観的な表現　話者が不明　文章が中断　記号

▶ 元の記録

〇月〇日（訪問）

　自宅を訪問し、本人と姉と面談した。本人は聞いたことに対する回答はほとんどできず、**意味不明な会話。**a) 話題が飛び、作業所の利用者が自分を好きで結婚するなど、**また** b) 同じ思考にとらわれ、興奮する様子あり。面談の途中で姉が頓服を飲ませる場面**あり。**c)

　今後緊急時に備え、泊まれるようになってほしいとの**依頼あり。**d) △△や××は断られた**経過あり。**e) □□に打診することにする。

▶a　記録に不適切な、主観的な表現。
▶b　記録に不適切な、主観的な表現。
▶c　文章を完結させる。
▶d　誰からの依頼なのか、わかりづらい。
▶e　文章を完結させる。

修正アドバイス

登場人物が複数いる場合は、誰の発言かわかりやすく書く。

✓ 修正例

〇月〇日（訪問）

　自宅を訪問し、本人と姉と面談した。本人は聞いたことに対する回答はほとんどできず、**意味がわかりづらい。**1) 話題が飛び、作業所の利用者が自分を好きで結婚するなど、**これまでと** 2) 同じ思考にとらわれ、興奮する様子が**見られた。**3) 面談の途中で姉が頓服を飲ませる場面が**あった。**4)

　今後緊急時に備え、泊まれるようになってほしいとの**依頼が姉よりあった。**5) △△や××は断られた経過が**あったため、**6) □□に打診することにする。

▶1　記録に適した表現に変える。
▶2　わかりやすい表現に変える。
▶3, 4　文章を完結させる。
▶5　誰からの依頼か、明記する。
▶6　読みやすい表現にする。

71 施設からの外出

KeyPoint 話者が不明 アセスメント

▶ 元の記録

○月○日　情報提供 a)b)

　早咲きの桜を見に外出。30 m ほどの遊歩道を往復して歩き、昼食はファミリーレストランに行かれたとのこと。パスタランチを頼み「美味しそう」と言われるも、他の人にあげるなど、普段よりも召し上がらなかったとのこと。

▶a
誰からの情報なのかわからない。

▶b
全体に、何を伝えたかったのかわからない。

修正アドバイス

記録は支援者のメモでないことに注意する。

✓ 修正例

○月○日　情報提供

　担当者から報告。1) 早咲きの桜を見に外出。30 m ほどの遊歩道を往復して歩き、昼食はファミリーレストランに行かれたとのこと。パスタランチを頼み「美味しそう」と言われるも、他の人にあげるなど、**食欲は見られたが普段よりも食事量は少なかったとのこと。**2)

▶1
誰からの情報かわかるように書く。

▶2
専門職として本人の状態を伝えるのに適した表現で記録する。

記録の実際74 事例と解説 **3章**

72 関係者との連携

KeyPoint **連携** 関係者の言動

▶ **元の記録**

〇月〇日

　主治医との電話

　ケアマネ担当になった挨拶・連絡を行い、ケアプランの原案を説明。主治医として、今後も薬の**コントロール**と**介護への助言をお願いする。**a) また主治医から、今後も本人の症状に合わせて、**無理強いしないように** b) 意見をいただいた。

▶a
主治医の関わりの範囲についてこちらが制限しているようにも読める。

▶b
主治医がなぜこの表現を使ったのか、不自然である。経緯があったのであれば、それを記載する。

修正アドバイス

関係者との連携は、役割分担を逸脱しないようわかりやすく書く。

✔ **修正例**

〇月〇日

　主治医との電話

　ケアマネ担当になった挨拶・連絡を行い、ケアプランの原案を説明。主治医として、今後も**医療的関わり**と**介護への助言をお願いする。**1) また主治医から、**家族が回復を急いだことがあったので、**2) 今後も本人の症状に合わせて、**無理をしないように**3)意見をいただいた。

▶1
主治医の関わりの範囲についてこちらが制限しているようにも読める。

▶2
主治医の意見について、経緯がわかるように書く。

▶3
記録に適した表現で記載する。

183

73 第三者に関する記載

KeyPoint 第三者に関する表記　具体的でない

▶ 元の記録

〇月〇日

【訪問介護】

　地域包括支援センターと一緒に散乱しているごみの回収を行った。相見積もりと交渉で、**ローコストで** a)行うことができた。**その回収業者が偶然にもご本人の友人の〇〇さんの夫でもあったので** b)、処分しなければならないごみは滞りなく回収することができた。

▶a
記録にふさわしい表現ではない。

▶b
第三者に関する表記で、記録には不要である。また因果関係が不明。

修正アドバイス

支援に直接関係ない第三者の個人情報は削除する。

✔ 修正例

〇月〇日

【訪問介護】

　地域包括支援センターと一緒に散乱しているごみの回収を行った。相見積もりと交渉で、**適正な価格で** 1)行うことができた。**処分しなければならないごみは滞りなく回収することができた** 。2)

▶1
記録にふさわしい表現にする。

▶2
第三者に関する表記は削除する。

184

記録の実際74 事例と解説 3章

74 本人の抵抗による支援の中断

KeyPoint 対応が不明 アセスメント

▶ 元の記録

○月○日
【訪問介護】

　清拭を行ったものの、介護への抵抗が見られた。**その理由は** [a]、手術の縫合あとを清拭する際に抵抗することが時々あり、抵抗時には**その時点で清拭が終了することがある。**[b]

▶a
文章のつながりがわかりづらい。

▶b
適正な支援が提供されていない可能性があるが、それについて説明や改善のプランがない。

修正アドバイス

支援が中断した場合、どう対応したのか明記する。

✔ 修正例

○月○日
【訪問介護】

　清拭を行ったが、手術の縫合あとを清拭する際に抵抗されたため、中断せざるを得なかった。[1] これまでにも同様のことがあったので、関係者に情報共有する。[2]

▶1
文章のつながりをわかりやすく書く。

▶2
支援が中断していることについて、改善のプランを書く。

185

参考文献

- American Psychiatric Association（2013）Diagnostic and statistical manual of mental disorders（5th ed.）. Washington DC: Author.（=2014，日本精神神経学会監修，高橋三郎・大野裕監訳，染矢俊幸・神庭重信・尾崎紀夫・三村將・村井俊哉訳『DSM-5 精神疾患の診断・統計マニュアル』医学書院）

- Barker, R. L.（2013）The social work dictionary（6th ed.）. Washington DC: NASW Press.

- California Association of Marriage and Family Therapists（2011）CAMFT code of ethics. San Diego, CA: Author.

- 皆川治廣（2011）「自治体保有個人情報の非開示事由該当性判断の適否に関する法的問題点考察」『CHUKYO LAWYER』vol. 14 pp.1-41.

- National Association of Social Workers（2018）NASW code of ethics. Washington DC: Author.

- 日本医療社会福祉協会（2007）「倫理基準」日本医療社会福祉協会

- 日本医療社会福祉協会（2002）「医療ソーシャルワーカー業務指針」日本医療社会福祉協会

- 日本介護支援専門員協会（2007）「介護支援専門員倫理綱領」日本介護支援専門員協会

- 日本産業カウンセラー協会（2018）「倫理綱領」日本産業カウンセラー協会

- 日本社会福祉士会（2005）「日本社会福祉士会の倫理綱領」日本社会福祉士会

- 日本精神保健福祉士協会（2018）「倫理綱領」日本精神保健福祉士協会

- 日本臨床心理士会（2009）「倫理綱領」日本臨床心理士会

- Reamer, F. G.（2005）Documentation in social work: evolving ethical and risk-management standards. Social Work 50（4）: 325-334.

- 八木亜紀子（2012）『相談援助職の記録の書き方―短時間で適切な内容を表現するテクニック』中央法規出版

- 山根茂雄（2011）『〈精神保健福祉士受験版〉精神医学講義ノート』星和書店

● 3章 Key Point 索引

リスクアセスメント	**46**, 54, **56**, 66, 70, 72, 92, **134**, **146**, **164**, **166**, 168
アセスメント	**44**, 50, **52**, 54, 58, 60, 62, 64, 68, 76, 78, 88,96, 98, 110, **112**, 114, 116, 124, **126**, **128**, 132, 136, 138, **144**, 150, **152**, 158, 162, **170**, 171, **174**, 175, **176**, 178, 182, 185
家族のアセスメント	46, 56, 58, 68, **84**, **86**, **90**, 104, 118, 128, **140**, **169**
対応が不明	44, 66, 80, 86, 100, 106, 112, 116, 120, 126, 134, 136, 138, 144, 148, 150, 156, 158, **162**, 164, 166, 171, 175, 177, 179, 180, **185**
主観的な表現	46, 48, **54**, **58**, 60, 62, **64**, **66**, 82, 84, 94, **100**, **102**, 104, **108**, 116, 120, **122**, 124, **130**, **132**, 136, 138, 152, 160, **171**, **172**, **177**, **179**, 180, **181**
関係者の言動	**48**, 96, 98, 132, 146, 148, **158**, 164, 166, 183
家族の言動	48, 50, 56, **60**, **62**, **68**, **70**, **72**, 84, 86, 90, 94, 96, 98, 108, **110**, **118**, 122, 128, **136**, **138**, 140, 142, 146, 154, 160, 162, 164, 166, 170, 175
第三者に関する表記	**82**, **116**, 120, 126, 144, **180**, **184**
連携	**50**, 58, 70, 72, **74**, 76, 78, 88, 92, **106**, 114, 132, 140, 142, 150, **160**, 162, **168**, **173**, **175**, **183**
話者が不明	44, 48, 50, 74, **76**, **78**, 80, **88**, **92**, **94**, **96**, **98**, 100, 102, 104, 110, 112, 122, **124**, 126, 130, 134, **142**, **148**, **150**, 154, 156, 160, 169, 172, **178**, 181, **182**
文章が中断	52, **80**, 92, 108, **120**, 173, 181
記号	52, 82, 106, 112, **114**, 179, 181
具体的でない	74, 76, 78, 80, 88, 90, 100, 102, **104**, 118, 122, 124, 140, 148, **154**, **156**, 158, 169, 173, 174, 176, 177, 178, 184

おわりに

　思い返せば、初めて記録についてお話ししたのは、2006 年 3 月の、日本医療社会事業協会（現日本医療社会福祉協会）主催の医療ソーシャルワーク研修会でした。会場が千葉県の外房で、美味しい魚が食べられたらうれしいな、ぐらいの気持ちで臨み、実際とても美味しいお魚をいただいたのを今も良く覚えています。それほど、お話しした内容は、自分自身にとってはごく当たり前の、目新しくもないものだったのです。ところが参加者の皆さんの反響は非常に大きく、それ以降、途切れることなく記録に関してお話をする多くの機会をいただいています。実際、前著については予測をはるかに超え、7 年経った今も広くご支持いただいており、2019 年 7 月現在 12 刷の発行に至りました。これは筆者・講師としてはとてもありがたい反面、危惧することでもあります。

　記録についてお話しすると、「アメリカではどうやって教育しているか」という質問を良く受けます。実はアメリカでも、記録を切り出して教育している教育機関はまずないと思われます。それではアメリカはどうやって記録の質を上げているかというと、それは徹底したスーパービジョンを通してです。アメリカの大学院では週 16 ～ 20 時間、実習に出ますが、その間スーパービジョンは現場で毎週実施されますので、在学中に約 60 時間のスーパービジョンを受けることになります。なおここでいう実習はスタッフと同様の業務内容で、記録ももちろん作成し、それに対する指導も受けます。その後、カリフォルニア州の場合は、資格を取得するまで卒業後 2 年間の実務が必要で、その

間も毎週、つまり計100時間程度のスーパービジョンを受けなければなりません。要するに、資格を得るまでには少なくとも160時間の（実務に基づいた）スーパービジョンを受ける計算になるのです。これだけの時間をかけなければ、記録を含めた相談業務全般について独り立ちはさせられないという判断のあらわれとも言えるでしょう。

　日本の資格制度はアメリカのそれとは大きく異なりますので、単純な比較はできませんが、キャリアの初期段階での教育が非常に少ないということは事実です。ひとり職場の現場も多くあり、手探りで業務にあたっている人にとって記録は大変な負担でしょう。そんな中、前著がご支持いただけた背景には、記録を切り口としつつ、相談援助全般についてのガイダンスとして活用いただいたことがあったのだろうと推測いたします。記録についてより実務に落とし込んだ本著が、新たに皆様のお役に立てば幸いです。

　なお本書の執筆においては、多くの方々のご指導ご鞭撻をいただきました。「記録本」上梓から7年もかかってしまいましたが、その間見守ってくださった中央法規出版の皆様、プロデューサーとして叱咤激励くださった池田正孝さん、見守ってくれた夫や家族、友人への心からの感謝をもって、「おわりに」の言葉とさせていただきます。

2019年7月

八木亜紀子

著者プロフィール

八木亜紀子（やぎ・あきこ）

福島県立医科大学　放射線医学県民健康管理センター　特任准教授
プリンシプルコンサルティング株式会社　プリンシプル職場の心理学研究所　所長
アアリイ株式会社　代表取締役

取得資格：

　米国カリフォルニア州臨床ソーシャルワーカー
　精神保健福祉士
　公認心理師
　国際EAP（Employee Assistance Program）協会認定　EAプロフェッショナル

　米国ウィスコンシン大学大学院マジソン校（University of Wisconsin-Madison）
　ソーシャルワーク修士課程修了
　同志社大学大学院アメリカ研究科博士課程単位取得満期退学

米国サンフランシスコのRichmond Area Multi-Services で日英両語で個人、家族、グループ療法を提供し、日系コミュニティへのアウトリーチに従事した。またニューヨークのAon Consulting Inc. でリーダーシップ養成トレーニング、コーチングを日英両語で行った。

帰国後、（株）イープで従業員支援に携わるとともに、EAP 専門家養成講座を企画運営し、スーパービジョンを提供。筑波大学、東京学芸大学で教職員のワーク・ライフ・バランス支援、女性研究者支援に従事した。また社会福祉法人JHC 板橋会ワーキング・トライ、NPO法人カラフルコネクターズなどで障害者の就労支援に携わった。

現在は、福島県における被災者支援、相談援助職に向けた記録の研修、組織へのメンタルヘルスやハラスメントに関する研修やコンサルティング等に携わっている。

主な著書等

- ●『新・MINERVA社会福祉士養成テキストブック５　ソーシャルワークの理論と方法 I 』（共著）ミネルヴァ書房、2022年
- ●『９つの事例でわかる 精神障害・発達障害のある人が活躍する職場のつくりかた』（編集）中央法規出版、2021年
- ●『相談援助職の「伝わる記録」― 現場で使える実践事例74』中央法規出版、2019年
- ●『事例で理解する相談援助のキーワード ― 現場実践への手引き』（編著） 中央法規出版、2019年
- ● Report on Counseling Support Professional Team. In Shigemura J, Chhem RK, Yabe H (Eds.), Mental Health and Social Issues Following a Nuclear Accident: the Case of Fukushima. Tokyo, Japan: Springer. 2016.
- ●『相談援助職の記録の書き方─短時間で適切な内容を表現するテクニック』 中央法規出版、2012年

相談援助職の「伝わる記録」

現場で使える実践事例74

2019年 8 月 1 日　初 版 発 行
2024年 5 月20日　初版4刷発行

著　者　　八木亜紀子
発行者　　荘村明彦
発行所　　中央法規出版株式会社
　　　　　〒110-0016　東京都台東区台東3-29-1 中央法規ビル
　　　　　TEL　03-6387-3196
　　　　　URL　https://www.chuohoki.co.jp/

編集協力　　池田正孝（池田企画）
デザイン　　株式会社タクトデザイン事務所
印刷・製本　　新津印刷株式会社
ISBN978-4-8058-5932-2

本書のコピー、スキャン、デジタル化等の無断複製は、著作権法上での例外を除き禁じられています。また、本書を代行業者等の第三者に依頼してコピー、スキャン、デジタル化することは、たとえ個人や家庭内での利用であっても著作権法違反です。
定価はカバーに表示してあります。
落丁本・乱丁本はお取り替え致します。
本書の内容に関するご質問については、下記URLから「お問い合わせフォーム」にご入力いただきますようお願いいたします。
https://www.chuohoki.co.jp/contact/

相談援助職の記録の書き方
短時間で適切な内容を表現するテクニック

電子カルテの導入や説明責任、個人情報の開示請求など、近年相談援助職の記録には高い客観性と専門性が求められている。本書では、記録に必要とされる要素や用いるべき語句、実際の記録の添削例などを収載し、限られた時間で的確な記録を残す具体的なノウハウを提示する。

八木亜紀子＝著

- B5判・200頁
- 2012年9月発行
- 定価 本体2,200円（税別）
- ISBN978-4-8058-3721-4

事例で理解する相談援助のキーワード
現場実践への手引き

相談援助職が必ず押さえておくべきもの、本来の意味を理解してほしいもの、日々の支援に活かしてほしいものという3つの視点から、33の「キーワード」を選定し、それぞれ事例を交えて改めて言葉の意味を考える。読み進めるごとに自らの実践を振り返ることができる一冊。

八木亜紀子＝編著
菅野直樹・熊田貴史・松田聡一郎＝著

- A5判・218頁
- 2019年1月発行
- 定価 本体2,200円（税別）
- ISBN978-4-8058-5828-8